Oliver Salewski

Die Freiwillige Selbstkontrolle (FSK) zwischen filmwirtschaftlichen Interessen und Jugendschutz

Eine Analyse der gegenwärtigen Situation

Bachelor + Master
Publishing

Salewski, Oliver: Die Freiwillige Selbstkontrolle (FSK) zwischen filmwirtschaftlichen Interessen und Jugendschutz – eine Analyse der gegenwärtigen Situation, Hamburg, Bachelor + Master Publishing 2013
Originaltitel der Abschlussarbeit: Die Freiwillige Selbstkontrolle (FSK) zwischen filmwirtschaftlichen Interessen und Jugendschutz – eine Analyse der gegenwärtigen Situation

Buch-ISBN: 978-3-95549-130-7
PDF-eBook-ISBN: 978-3-95549-630-2
Druck/Herstellung: Bachelor + Master Publishing, Hamburg, 2013
Zugl. Hochschule Mittweida (FH), Mittweida, Deutschland, Bachelorarbeit, 2007

Bibliografische Information der Deutschen Nationalbibliothek:
Die Deutsche Nationalbibliothek verzeichnet diese Publikation in der Deutschen Nationalbibliografie; detaillierte bibliografische Daten sind im Internet über http://dnb.d-nb.de abrufbar.

© Bachelor + Master Publishing, Imprint der Diplomica Verlag GmbH
Hermannstal 119k, 22119 Hamburg
http://www.diplomica-verlag.de, Hamburg 2013
Printed in Germany

Inhaltsverzeichnis

1. Einleitung

Das Kino ist seit seiner massentauglichen Einführung, Anfang des 20. Jahrhunderts, seit jeher ein Magnet für Unterhaltung und Erlebnis. Eltern gehen gemeinsam mit ihren Kindern ins Kino, Pärchen treffen sich dort zum Ersten mal, Freunde erleben gemeinsam große Abendteuer. Kurz gesagt, das Kino bietet Faszination für jeden Menschen egal welchen Alters.

Man geht nicht einfach nur ins Kino, um sich einen Film anzusehen und die Zeit zu vertreiben, vielmehr geht man dorthin, „um mit zweihundert Menschen zu lachen und zu weinen"[1] Doch trotz dieser Faszination verzeichnen die großen Kinos in den letzten Jahren rückläufige Umsätze und sinkende Besucherzahlen.

„Jedoch ist und bleibt Kino das innovative Leitmedium zwischen Tradition und Moderne. Das Kino hat sich bislang in jeder noch so krisenhaften Situation behauptet und wird dies auch in Zukunft tun"[2], zumindest laut Helmut Fiebig, Chefredakteur der Fachzeitschrift „CINEMA". Soll man ihm Glauben schenken, wird es also auch in Zukunft volle Kinosäle geben. Millionen begeisterter Zuschauer strömen in die aktuellen Blockbuster aus Hollywood und Familien verbringen ihre Freizeit zusammen im Kino, um fantastische Welten zu erleben und Abenteuer zusammen zu bestreiten.

Im Vordergrund steht dabei zwar zweifelsfrei der gemeinsame Spaß, jedoch muss man sich auch Gedanken über die Wirkung des gerade Erlebten machen. Fassen doch gerade jüngere Kinder Erlebnisse anders auf als Erwachsene. Denn „unter allen Medienumgebungen – wie man die zahlreichen Freizeitorte nennen kann, in denen Medien genutzt werden – nimmt das Kino für Jugendliche eine herausragende Stellung ein"[3].

---

[1] vgl. http://www.zitate.de/detail-kategorie-5238.htm. Zugriff: 31.06.07
[2] http://www.gleich-lesen.de/Kressreport-archiv/Jahr%202003/Mai%202003/ KRESSREPORT_21_2003/content/pages8278.html, Zugriff: 03.06.07
[3] Vollbrecht, 2002: S. 26

Zwar ist das Kino für Kinder in den Altersschichten 6-12 noch nicht so wichtig wie für Jugendliche und Erwachsene, jedoch stellt es für sie schon ein großes Unterhaltungsmedium da.[4]

Eine Umfrage unter Eltern ergab, dass 87% der Kinder zwischen vier und zwölf Jahren schon mindestens einmal im Kino waren. Die von der Freiwilligen Selbstkontrolle der Filmwirtschaft, kurz FSK, in Auftrag gegebene Untersuchung, welche in ihrer Broschüre „Medienkompetenz und Jugendschutz 2 – Wie wirken Kinofilme auf Kinder", erschien 2005, sagt weiter, dass bei den unter 12-Jährigen der erste Gang ins Kino zwischen vier und zwölf Jahren erfolgte. Befragte man die Kinder im Kindergarten, so erhielt man als Antwort, dass knapp zwei Drittel von ihnen bereits im Kino war. Befragte man die Schulkinder zu ihrem ersten Kinobesuch, so erhielt man eine deckungsgleiche Aussage. Diese bestätigten nämlich, dass sie vor ihrem sechsten Lebensjahr das erste Mal im Kino gewesen seien.[5]

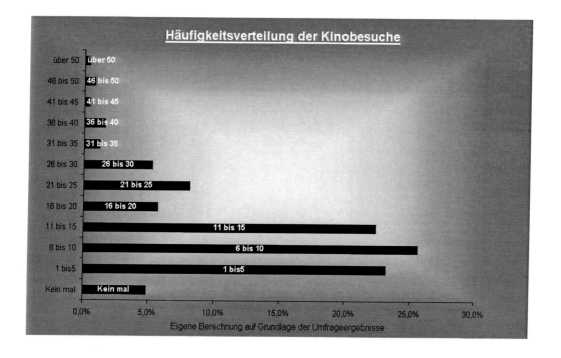

[4] vgl. Baacke, 1999: S. 306
[5] vgl. Goehlnich, 2004: S. 12

Diese Umfrage belegt, dass auch jüngere Kinder zusammen mit ihren Eltern gerne ins Kino gehen und so bereits trotz ihres Alters, Geld in die Kinokassen bringen. Da wir in Deutschland gerade in den unteren Segmenten der FSK Altersfreigaben (FSK 0, FSK 6, FSK12) sehr große Sprünge haben, gibt es immer wieder Debatten um weitere Zwischenstufen.

In den Diskussionen tauchen dabei immer wieder Forderungen nach Freigaben „von 8 bis 10" und „ab 14 Jahren" auf. [6] Macht dieses jedoch auch aus wissenschaftlicher Sicht Sinn? Dabei ist die Frage nach dem Inhalt der einzelnen Altersfreigaben, was verkraftet welche Altersstufe an Bildern, mindestens genauso wichtig, wenn nicht noch wichtiger.
Also sollte die Frage lauten: „Was darf welcher Altersgruppe gezeigt werden?"

Denn „Kinofilme sorgen für Ablenkung, Spannung und Unterhaltung, sie befriedigen unsere Neugierde nach Unbekanntem und nach gut erzählten Geschichten". [7]
Jedoch sollte diese Neugierde aus Sicht des Jugendschutzes, gerade bei Kindern und Jugendlichen, nur in dem Maß befriedigt werden, wo es keine Schäden für die weitere Entwicklung zu einem gesunden Individuum hervorruft. Dies ist in Deutschland die Aufgabe der FSK.

Sie sichtet im Vorfeld die neu erscheinenden Kinofilme und teilt sie nach Altersgruppen ein. Jedoch beschränkt sich ihr Tätigkeitsfeld nicht nur auf das Kino, sondern auch auf den stetig wachsenden DVD Markt. Denn hierzulande konsumieren etwa 80% der 8- bis 19-Jährigen Mädchen und Jungen regelmäßig DVD`s. Dies ergab eine Studie von Lange. [8] Ab 1999, dem Jahr, in dem die DVD auf dem deutschen Markt eingeführt wurde, hat

---

[6] vgl. tv-diskurs Nr. 20/ 2002, S. 60
[7] Vollbrecht 2002: S. 27
[8] Lange 1997: S. 103ff

sich laut den „Angaben des GfK Panel Services Deutschland … der Gesamtmarktumsatz … mehr als Verdoppelt (+103%)".[9]

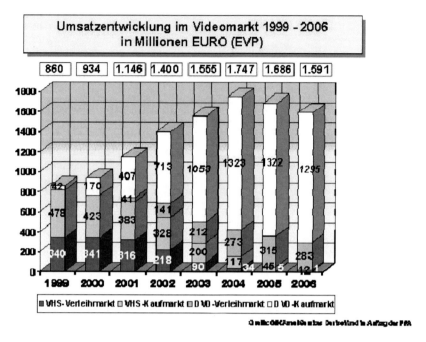

Abbildung 1: Umsatzentwicklung im Videomarkt 1999-2004 (Quelle: GfK Panel Services Deutschland)

Dies sind die Rahmenbedingungen unter denen es in der Bachelorarbeit zu prüfen gilt, ob und in wieweit es einen Zusammenhang zwischen den Altersfreigaben der FSK und den Kinobesucherzahlen gibt.

Denn trotz mehrer Mrd. Umsätze jährlich in Hollywood, verzeichnen die großen Studios rückläufige Einnahmen und sinkende Besucherzahlen. Ein Problem, das nicht nur in den USA herrscht, sondern auch in Deutschland deutlich spürbar ist. Besuchten 2001 noch 178 Mio. die deutschen Kinos, so waren es 2003 nur 149 Mio. 2005 sanken die Zahlen sogar auf 127 Mio.[10]

Um einen möglichst großen Anteil des immer kleiner werdenden Kuchens abzubekommen, sind die Filmverleihe natürlich daran interessiert, ihr Produkt einer möglichst breiten Öffentlichkeit zugänglich zu machen. Bei dieser Tatsache spielen die FSK-Freigaben an den Kinokassen eine

[9] http://www.bvv-medien.de/facts/factframes.html.Zugriff: 13.06.07
[10] http://www.charts-surfer.de/kinohits1024.htm, Zugriff: 25.06.07

elementare Rolle. besonders in dem Segment „Freigegeben ab 6 Jahren" und „Freigegeben am 12 Jahren".

Dadurch, dass die FSK den gesetzlichen Rahmen für diese Altersfreigaben vorgibt, wird sie die zentrale Rolle in dieser Arbeit spielen. Ihre heutige Stellung und Situation wird durch den historischen Kontext näher erläutert. Dabei spielt ihre Werteentwicklung seit Gründung bis heute eine große und wichtige Rolle. Ihre gegenwärtige Prüfpraxis sowie ihre Richtlinien werden näher erklärt und es wird dabei geschaut, wo eventuelle Schwachstellen sind und sich Möglichkeiten für die Filmwirtschaft bieten, die Urteile der FSK zu beeinflussen.

Im zweiten Schritt wird geschaut, in wieweit sich die Urteile der FSK auf die Verkaufszahlen von Hollywoods Blockbustern in der Vergangenheit ausgeübt haben. Dabei wird überprüft, ob die FSK bei zu erwartenden Verkaufsschlagern eventuell milder urteilt, um so den Bestrebungen, nach möglichst hohem Umsatz, der Filmwirtschaft gerecht zu werden.

Abschließend wird begutachtet, ob man ein eindeutiges Urteil fällen kann oder ob die Grenzen zu fließend und zu wage sind, um in eine der Richtungen zu tendieren.

2. Das Jugendmedienschutzgesetz und die Freiwillige Selbstkontrolle der Filmwirtschaft

In diesem Kapitel wird zuerst das Jugendschutzgesetz und seine Auswirkungen auf die Medien erklärt. Daraus leitet sich dann die Funktion und die Legitimation der Freiwilligen Selbstkontrolle der Filmwirtschaft ab. Außerdem wird der Rahmen in dem die FSK urteilt und handelt erläutert sowie ihre Maßstäbe und Kriterien aufgezeigt und diskutiert. Am Schluss des Kapitels wird noch auf die Wirkung der FSK in der Öffentlichkeit eingegangen.

2.1 Medien und der Schutz der Jugend

Der 10.11.1949 kann als Geburtsstunde des Jugendschutzes, in Bezug auf gefährliche Medieninhalte, wie wir ihn heute kennen angesehen werden. An diesem Tag legten Abgeordnete dem Bundestag einen Gesetzesentwurf „zum Schutze der Jugend in der Öffentlichkeit" vor.
Dieser Gesetzesentwurf wurde in den nächsten zwei Jahren des Öfteren immer wieder abgeändert und diskutiert, dann jedoch am 06.12.1951 als Bundesgesetz verifiziert.

Als Auslöser für dieses Gesetz kann der 2. Weltkrieg angesehen werden, da nach ihm verstärkt darauf geachtet wurde, dass Jugendliche und vor allem Kinder keinen propagandistischen Medien ausgesetzt wurden, die für ihre weitere Entwicklung schädlich gewesen wären. „Medien wurde damals wie heute eine ´Sündenbockrolle´ zugesprochen. Sie wurden als Ursache für eine steigende Brutalisierung, Kriminalisierung … in der Gesellschaft"[11] angesehen.

---

[11] Lieven, 1994: 167. Filmecho/ Filmwoche

In der aktuellen Version des Jugendschutzgesetzes geht es hauptsächlich darum, den Verkauf sowie das zugänglich machen von Medieninhalten, also hauptsächlich Filme, PC-/Konsolenspiele und anderen Bildträgern zu überwachen.

Aber auch die Zuständigkeit der FSK als Jugendschutz-Behörde, sowie der Unterhaltungssoftware Selbstkontrolle (USK) sind hier geregelt. Darüber hinaus finden sich in dem Jugendschutzgesetz auch die Grundlagen der Bundesprüfstelle für Jugendgefährdende Medien und die Gesetzesgrundlage für die durch die Bundesprüfstelle ausgeführten Indizierungen.

Die erste maßgebliche Gesetzesänderung der FSK Grundlagen seit 1951 fand im Jahr 1984 statt. Hier gab es eine Novellierung des Jugendschutzgesetzes, als der § 7 JuSchG geschaffen wurde. Dieser Paragraph hatte zur Folge, dass „die Abgabe von bespielten Videokassetten nur noch an Erwachsene erfolgen dürfte, es sei denn sie hätten von den Obersten Landesjugendbehörden eine Jugendfreigabe erhalten".[12] Des Weiteren gab es Änderungen im Strafrecht, sowie eine Überarbeitungen des Gesetzes zur Verbreitung jugendgefährdender Schriften.

Danach durften Filme mit pornographischem Inhalt ausschließlich in Läden verkauft und angeboten werden, zu denen Personen, die das 18. Lebensjahr noch nicht erreicht hatten, der Zutritt verweigert wurde. Im Zuge dessen wurde auch der Paragraph 131 im Strafgesetzbuch, welcher die Verbreitung von Gewaltverherrlichenden Schriften regelt, erweitert.[13]

Diese Version des Jugendschutzgesetzes blieb unverändert bis zum 01.04.2003 bestehen. In diesem Jahr wurde das JuSchG dahingehend erweitert, so dass es nunmehr „die Summe aller Off-line- Medien […] unter dem Oberbegriff ´Trägermedien´ zusammenfasst – in Abgrenzung zu [den]

---

[12] vgl. JuSchG § 7 Version II 1984
[13] vgl. Gottberg, 1999: S. 17

Telemedien".[14] Außerdem wurde es im Jugendmedienschutz-Staatsvertrag verankert.

Mit dieser Änderung reagierte der Jugendmedienschutz auf die zahlreichen, seit seiner Gründung, neu erfundenen Medien und Datenträger. Auch erhielt die „Bundesprüfstelle für jugendgefährdende Schriften" einen neuen Namen und wurde in „Bundesprüfstelle für jugendgefährdende Medien" umbenannt.

Auch das Kino blieb von den Neubenennungen nicht verschont. Hieß vor dem 01.04.2003 die höchste Altersfreigabe in Deutschland noch „Freigegeben ab 18 Jahren" so heißt diese Altersfreigabe nun schlicht „keine Jugendfreigabe". Jedoch wurde nicht nur Umbenannt, sondern auch ein komplett neues Gesetz was den Jugendschutz betrifft erlassen.

So darf seit diesem Datum jedes Kind, was das sechste Lebensjahr erreicht hat, in Begleitung eines personensorgeberechtigten Erwachsenen auch Filme besuchen, die eine Altersfreigabe „ab 12 Jahren" erhalten haben. Auf diese nach amerikanischem Vorbild benannte PG-Regelung wird zu späterem Zeitpunkt der Arbeit noch ausführlicher und im Detail eingegangen.

Jedoch dürfte diese neue Regelung, die geschaffen wurde, um die „Stärkung des Elternrechtes auf eigene Entscheidung und die bewusste inhaltliche Auswahl eines gemeinsamen Kulturerlebnisses"[15], die Kinobetreiber am meisten erfreut haben.

Verkaufen sie nun doch mindestens zwei Kinokarten pro 6-Jährigem Kind, welches einen Film mit der Freigabe ab 12 hat. So entsteht dort, wo vorher kein Umsatz war, eine neue Verdienstmöglichkeit.

Neu ist auch die Unterteilung von „unzulässigen Angeboten" und Angeboten mit „entwicklungsbeeinträchtigendem Inhalt".[16]

Die „unzulässigen Angebote" beinhalten, wie vor dem 01.04.2003, nationalsozialistische Propaganda, gewaltverherrlichende Darstellungen,

---

[14] FSK Broschüre 2006: S. 12
[15] FSK Broschüre 2006: S. 15
[16] Jugendmedienschutz-Staatsvertrag (JMStV) §5, Abs. 1

Kriegstreiberei und Kinderpornographie. Gegen diese Angebote besteht ein generelles Verbot. Eine Verbreitung oder die Herstellung solcher Medien zöge die sofortige Beschlagnahmung, sowie eine Strafanzeige nach sich.

Filme die am meisten auf Grund dieser Regelung vom Staat verboten werden, entstammen dem Genre des Horrorfilmes und werden durch den § 131 des Strafgesetzbuches[17] eingezogen.

Dies macht sie jedoch für bestimmte Sammlerkreise gerade erst sehens- und besitzenswert, da der Privatbesitz solcher Medien gestattet ist. Eine Ausnahme hiervon bildet die Kinderpornographie, wo nicht nur Verkauf und Handel sondern auch Besitz verboten und unter Strafe gestellt ist.

Die Beschlagnahmung wird durch die Staatsanwaltschaft beantragt, durch ein Gericht verfügt und schließlich durch die Polizei durchgeführt und gilt bundesweit.

Werden Filme nicht als „unzulässiges Angebot" klassifiziert, sondern als „entwicklungsbeeinträchtigend" dürfen diese Filme zwar Vertrieben werden, jedoch nur einem geschlossenem Publikum zugänglich gemacht werden. Dieses ist gleich zusetzten mit einem strengstem Jugendverbot.

Unter diese Regelung fallen alle solche Medien, die geeignet sind „die Entwicklung von Kindern und Jugendlichen nachhaltig zu beeinflussen und zu stören".[18] Dabei handelt es sich nicht nur um so genannte Telemedien, sondern auch um Printmedien und Tonträger.

Hat die FSK ein Medium geprüft und als „unbedenklich" eingestuft, kann dieses Medium seit dem 01.04.2003 nachträglich nicht mehr indiziert werden. Diese Neuregelung verschafft der FSK zum einen eine neue Machtposition, zum anderen aber auch ein neues Kundenfeld, nämlich

---

[17] Gewaltdarstellung; Darstellung von gewaltsamen Handlungen an Menschen oder menschenähnlichen Lebewesen zum reinen Selbstzweck

[18] JuSchG, Abschnitt 3, §15, Abs. 2

diejenigen Filmmacher, die eine Indizierung durch eine andere Behörde des Staates fürchten.

Hintergrund des Ganzen ist, dass die Bundesprüfstelle für jugendgefährdende Medien (BPjM), Telemedien, die keine Kennzeichnung durch die FSK erhalten haben, ohne Antrag, also aus eigenem Ermessen, indizieren dürfen.

Indizierte Bild- und Tonträger dürfen weder verbreitet, noch beworben werden. (§ 15 JuSchG)

Bildträger die bei ihrer Begutachtung mit dem Urteil „SPIO/JK-Gutachten" betitelt wurden, haben dieses Siegel von der Juristenkommission, der Spitzenorganisation der Filmwirtschaft, erhalten. Diese Freigabe bedeutet, dass der Film lediglich aus strafrechtlicher Sicht begutachtet wurde und er nicht gegen das Deutsche Gesetz verstößt.

Da der Film jedoch nicht der FSK vorgelegt wurde, besteht weiterhin die Möglichkeit einer Indizierung durch die BPjM.

Ein weiterer Zusatz unserer Zeit ist, dass allen bestehenden Paragraphen der Zusatz hinzugefügt wurde, dass die bestehenden Gesetze auch für virtuelle und computergenerierte Personen, Darstellungen oder Ereignisse gelten.

Damit reagiert der Jugendschutz auf die immer besser werdenden „Special Effects" sowie die Häufung virtuell auftretender Charaktere in Hollywood Filmen.[19]

Auch die Werberichtlinien wurden dahingehend geändert, dass von nun an Werbung für alkoholische Getränke erst ab 18 Uhr gesendet werden darf, wobei es egal ist, welche FSK Altersfreigabe der Film oder die Werbung erhalten hat.

Des Weiteren müssen Werbeprogramme, die zur öffentlichen Vorführung gedacht sind, eine FSK Freigabe erhalten. Darüber hinaus dürfen Kindern und Jugendlichen auch nur Werbung oder Trailer von Filmen zugänglich gemacht werden, die auch für ihre Altersgruppe freigegeben sind.

---

[19] zum Beispiel der Film „Krieg der Sterne"

Die Gedanken hinter den ganzen Regelungen sind zum einem, dass unsere Kinder und Jugendlichen vor gefährlichen Inhalten in Medien geschützt werden. Zum anderen bieten diese Verfahren aber auch den Filmvertreibern die Möglichkeit, ihre Produkte im Vorfeld prüfen zu lassen, um so sicher zu stellen, dass das von ihnen angebotene Medium keine unter Strafe gestellten Inhalte hat. So werden Kinder, Jugendliche und Filmvertriebe gleichermaßen geschützt.

2.2. Beurteilungskriterien der FSK

Heute haben wir eine menge Prüfverfahren, Gremien, Institutionen und staatliche Regelungen, die sich mit dem Jugendschutz und den Inhalten in Filmen, TV und sonstigen Medienangeboten befassen. Die Vielfalt, die wir heute haben, existierte jedoch nicht von Anfang an.

Sie ist langsam gewachsen und erhielt mit der Zeit immer ausgeprägtere Strukturen und Handlungsmechanismen. Jedoch ist die Idee, eine Behörde zum Schutz der Jugend, vor gefährlichen Medieninhalten, keineswegs eine Erfindung unserer Zeit.

Schon sehr früh erkannten die Menschen, dass durch die immer schneller werdende Verbreitung Medialerinhalte, vor allem im privaten Bereich, eine Gefahr, für die Kinder und Jugendlichen, besteht.

Um dieser Gefahr Einhalt zu bieten, wurden im laufe der Zeit verschieden Institutionen zum Schutz gegründet, allen voran die FSK.

2.2.1. Die Anfänge der FSK

1912 wurde die erste staatliche Behörde gegründet, die sich mit Jugendschutz im Bezug auf gezeigte Inhalte in Filmen befasste. Die „Landesstelle für Filmzensur" in Berlin.

„Bereits damals richtete man besondere Aufmerksamkeit auf den Jugendschutz. Kindern und Jugendlichen wurde der Kinobesuch entweder gar nicht oder nur ab einem bestimmten Alter bzw. nur in Begleitung Erwachsener gestattet."[20]

Während des Ersten Weltkrieges wurde die Rolle der Filmzensur vom Militär übernommen und ausgeübt. Nach Kriegsende wurde bis zu Beginn der Weimarer Republik von der Gründung einer Behörde die Zensur ausübte

---

[20] Gottberg 1999: S. 3

abgesehen, da sie nicht in das Weltbild der Menschen und ihre neu gewonnenen Freiheiten passen würde.

Jedoch änderte sich dies, als am 11.05.1920 das neue Lichtspielgesetz in der Nationalversammlung verabschiedet wurde.

Als Folge dessen wurden, unter der Leitung des Reichsministeriums für Innere Angelegenheiten, zwei Filmprüfstellen gegründet. Eine in Berlin und eine in München, wobei der in Berlin die Rolle der Obersten Prüfstelle zugesprochen wurde. Auch fungierte sie als Berufungsinstanz.

Die Prüfer wurden vom Reichsminister persönlich eingesetzt und setzten sich aus diversen Vertretern des Volkes zusammen. So wurden Mitglieder aus dem Verband des Lichtspielgewerbes, der Kunst, der Volksbildung, der Jugendwohlfahrt und der Volkswohlfahrt gewählt und in die neuen Ämter eingesetzt.

Diese Menschen waren dafür verantwortlich, die Richtlinien, die im Lichtspielgesetz verankert waren, durchzusetzen und die neu produzierten Filme dahingehend zu prüfen, ob sie gegen das Gesetz verstoßen oder nicht. Wichtige Aspekte waren dabei, dass die öffentliche Ordnung und Sicherheit nicht gefährdet wurde, keine Diskriminierung einer Religion stattfand und das Ansehen Deutschlands, sowie seine Beziehung zu anderen Staaten nicht gefährdet wurde.[21]

„1. Jeder Deutsche hat das Recht, innerhalb der Schranken der allgemeinen Gesetze, seine Meinung durch Wort, Schrift, Druck, Bild oder in sonstiger Weise frei zu äußern. Eine Zensur findet nicht statt.

Doch können für Lichtspiele durch Gesetz abweichende Bestimmungen getroffen werden. Auch sind zur Bekämpfung der Schund- und Schmutzliteratur, sowie zum Schutz der Jugend bei öffentlichen Schaustellungen und Darbietungen gesetzliche Maßnahmen zulässig.“[22]

---

[21] vgl. Gottberg 1999: S. 4
[22] Weimarer Reichsverfassung vom 11. August 1919, § 118
http://www.documentarchiv.de/wr/wrv.html, 25.6.07

Anhand diesen Formulierungen lässt sich klar erkennen, dass schon damals der Jugendschutz eine wichtige und elementare Rolle spielte.

In dem Lichtspielgesetz heißt es, dass jeder Film der „eine schädigende Einwirkung auf die sittliche, geistige oder gesundheitliche Entwicklung oder eine Überreizung der Phantasie der Jugendlichen"[23] zur Folge hat, entsprechend gekennzeichnet werden muss und für Jugendliche unter 18 Jahren nicht freigegeben werden darf.

Interessanterweise mussten die Filme der Behörde zwar vorgelegt werden, jedoch wurden sie nur dann auf eine Jugendfreigabe geprüft, wenn dies ausdrücklich der Wunsch der Filmverleihe war. Während des Naziregimes in Deutschland änderte sich die Praxis der Filmzensur radikal.

Es erfolgte eine strickte und rigorose Vorzensur seitens des Staates und die „nationalsozialistische Regierung änderte am 16.2.1934 das Lichtspielgesetz in entscheidenden Punkten, wodurch sich […] die Prüfmethoden fundamental änderten".[24]

Dies hatte zur Folge, dass nach der Machtergreifung durch Hitler und seine Anhänger nur noch Filme produziert werden durften, die dem nationalsozialistischen Gedankengut entsprachen.

Als 1945 die Alliierten Deutschland befreit hatten, übernahmen sie auch die Kontrolle über den deutschen Film und waren somit verantwortlich für die gezeigten Inhalte.

Da wo vorher Film genutzt wurde, um nationalsozialistisches Gedankengut zu verbreiten, wurde nun die Demokratie propagiert. Dem zufolge änderten sich die Zensurbeschreibungen grundlegend. „Security" (Wahrung der militärischen Sicherheit), „Reeducation" (politische Umerziehung) und „Screening" (Ausschaltung der Geisteserzeugnisse der politischen Gegner)

---

[23] Lichtspielgesetz vom 12. Mai 1920, §3 Abs. 2
http://www.documentarchiv.de/wr/1920/lichtspielgesetz.html. Zugriff: 25.6.07
[24] Gottberg 1999: S. 4

waren die neuen Schlagworte der Filmzensur.[25] Dadurch hoffte man, mit Hilfe des Mittels Film, die alten Gedankenwerte des Nationalsozialismus auszuschalten.

Als Oberster Leiter der neuen Zensurbehörde wurde dabei Erich Pommer eingesetzt. Der vor dem Krieg als deutscher Produzent tätig gewesene, erhielt nun die Aufgabe, die deutsche Filmwirtschaft wieder aufzubauen und neu zu ordnen.

Unterstützung erhielt Pommer dabei von Curt Oertel, einem erfolgreichen Regisseur. Zusammen schufen die beiden die Grundlagen, die später die Grundsteine der FSK bilden sollten.

Sie orientierten sich dabei an dem alten Lichtspielgesetz von 1920 und dem Production Code [1*]. Pommer und Oertel hatten die Grundgedanken geschrieben und schufen, mit Hilfe des Geschäftsführers des Verbandes der Filmverleiher e.V. Horst von Hartlieb, das Konzept, welches die Struktur der FSK bildete und noch heute bildet.

Dieses Konzept war darauf ausgelegt, jegliche staatliche Zensur und Reglementierung überflüssig zu machen, jedoch für genügend Überwachung und vor allem Eingreifmöglichkeiten bei Jugendgefährdenden Medien zu haben. Auch war es Ziel dieser Gesetze, die bis dahin auf Grund der verschiedenen Besatzungszonen existierenden Unterschiede bei der Filmbewertung, zu nivellieren.[26]

Die Freiwillige Selbstkontrolle der Filmwirtschaft war geboren.

Jedoch gab es noch genügend zu tun, bis eine einheitliche Regelung, die für alle Bundesländer getroffen werden konnte, verabschiedet wurde. Dies war das Ziel der neu gegründeten Organisation, ein Jugendschutzgesetz für alle Filme, die in Deutschland veröffentlicht wurden.

---

[25] vgl. FSK-Broschüre 2006: S. 10
[26] vgl. FSK Broschüre 2006: S.10

Der Arbeitsausschuss der Filmwirtschaft, die Vereinigung der Produzenten, Vertreter der Filmtheater, Filmverleihe und Regisseure trafen sich mit den Kultusministern der Länder, sowie Vertretern der Kirchen, setzten sich an einen Tisch und führten Verhandlungen über die einzelnen Kriterien und Richtlinien, die in die Satzung der FSK aufgenommen werden sollten.

Denn darin waren sich alle einig, sei „eine Filtration durch Stellen erforderlich, die eine umfassende Kenntnis des Filmmaterials mit einer geschulten Urteilsfähigkeit über die seelisch-geistige Lage der Lebensstufen verbinden".[27]

Am 18.07.1949 war es dann soweit, die Verhandlungen waren abgeschlossen, man hatte sich auf Richtlinien und Rahmenbedingungen geeinigt und die Prüfer standen fest. So konnte zu diesem Datum auch der erste Film offiziell von der FSK geprüft und bewertet werden. Dieser erste Film hieß „Intimitäten" und wurde noch während der NS-Zeit produziert.

Der Film von Paul Martin erhielt folgendes Urteil: „Freigabe zur öffentlichen Vorführung, aber nicht vor Jugendlichen unter 16 Jahren und nicht am Karfreitag, Buß- und Bettag und Allerseelen oder Totensonntag."[28]

Knapp zwei Monate später, am 28.09.1949, wurde die neu gegründete FSK von den alliierten Militärbehörden anerkannt und sie übertrugen ihre Kontrollfunktion und Befugnisse auf die FSK.

Somit war die Freiwillige Selbstkontrolle der Filmwirtschaft offiziell anerkannt und von staatlicher Seite befugt, rechtskräftige Urteile zu fällen.

Das wirklich neuartige an der Struktur der FSK war der Aspekt, dass die Filmverleiher nicht von staatlicher Seite gezwungen waren ihre Filme der FSK zur Prüfung vorzulegen, sondern das dieses freiwillig geschah. Dies erreichte die FSK dadurch, dass sie ein Abkommen mit den Kinobetreibern

---

[27] Stückrath/Schottmayer, 1955, S. 171
[28] vgl. FSK Beurteilung vom 18.07.1994 1. Begutachtung

hatte, in dem diese sich bereit erklärten, nur Filme zu zeigen, die auch von der FSK geprüft wurden.

Somit konnte man der FSK keinen Verstoß gegen das Zensurverbot aus Artikel 5 des Grundgesetzes vorwerfen, da die Filmvorlage freiwillig erfolgt. In wieweit dies jedoch wirklich freiwillig geschah, ist fragwürdig, da der Filmverleiher ja nur die Wahl hatte zwischen Vorlage bei der FSK und einer nicht Aufführung im Kino.

Dieses Abkommen zwischen Kinobetreibern und FSK besteht bis heute und ist noch immer der Hauptmotivationsgrund zur Vorlage und Prüfung der neu erscheinenden Filme. Schließlich werden die heutigen Blockbuster fürs Kino gedreht und somit führt in Deutschland kein Weg an der FSK vorbei.

Damals wurde jedoch nicht nach Jugendschutzkriterien geprüft, sondern nach jenen Kriterien, die auch bei den Alliierten vorherrschten. „Die Filme wurden entweder ab 16 freigegeben, oder sie wurden als jugendgeeignet eingestuft, in diesem Falle konnten Minderjährige unter 16 den Film uneingeschränkt besuchen.“[29]

Zum Anfang gab es nur diese beiden Altersfreigaben, über und unter 16 Jahren. Erst viel später erfolgte bei der FSK Freigabe eine differenziertere Altersabstufung, auf die an anderer Stelle noch genauer eingegangen wird.

Später, mit der Einführung der VHS-Videokassette auf dem Deutschen Markt, schloss sich der für die VHS Verbreitung ins Leben gerufene Bundesverband Video e.V. den Kinobetrieben an und verpflichtete sich somit, nur mit VHS-Videokassetten zu handeln, die vorher von der FSK geprüft wurden waren.

Dadurch vergrößerte sich das Kundenklientel und die zu prüfende Menge der Filme erheblich. Außerdem festigte die FSK ihre Stellung auf dem deutschen Markt.

---

[29]Gottberg 1999: S. 7

In den folgenden Jahrzehnten, weitete sich ihr Prüfgebiet automatisch auf alle neu erscheinenden Trägermedien aus. (DVD, CD-ROM, BLUE RAY etc.)[30] Mit den immer besser werdenden PC spielen, die vermehrt auch Filmsequenzen enthielten, erstreckte sich das FSK Kontrollfeld auch auf diese Bereiche.

Dies hatte zur Folge, dass PC Spiele die fragwürdige Filmsequenzen enthielten, auf Grund dieser eine höhere Altersfreigabe erhalten, als die USK es wegen des Spielinhaltes erteilt hätte[31]. Somit führte dort auch kein Weg mehr an der FSK vorbei, zumindest nicht, strebte man eine Jugendfreigabe unter 18 Jahren an, da die SPIO/JK Urteile ja nur die strafrechtliche Unbedenklichkeit versichert.

Nach der Wiedervereinigung schlossen sich die neuen Bundesländer an und erhielten somit auch eine eigenständige staatlich unabhängige Filmprüfung.

---

[30] vgl. FSK Broschüre 2006: S.12
[31] siehe PC-Spiel Command and Conquer „Tiberium Konflikt"

2.2.2. Grundlagen, Aufgaben und Grundsätze der FSK

Da die Freiwillige Selbstkontrolle der Filmwirtschaft mittlerweile die Größe einer mittelständischen Firma angenommen hatte, ist ihre wirtschaftliche und partnerschaftliche Situation ähnlich kompliziert wie bei anderen Firmen.

War die FSK bei ihrer Gründung noch autonom, wird sie seit dem 01.01.2002 als direkte Tochtergesellschaft der SPIO e.V. als eine GmbH geführt.

Da die FSK jedoch finanziell und auch personell eigenständig agiert und komplett selbstständig geführt wird, übt ihre Muttergesellschaft keinerlei Druck oder sonstige Reglements auf die FSK aus. [32] Die einzige Abhängigkeit in der sich die FSK befindet, ist die der Filmwirtschaft, da sie sich über die Prüfgebühren der eingereichten Filme komplett finanziert.

Somit ist die Filmwirtschaft lebensnotwendig für die FSK und die FSK lebensnotwendig für die Filmwirtschaft, wollen sie ihre Filme auch Kindern und Jugendlichen zugänglich machen.

Wird ein Film zur Prüfung eingereicht, so erfolgt die erste Prüfung durch die Grundsatzkommission. Diese aus 20 Mitgliedern bestehende Kommission, setzt sich aus Vertretern der Film- und Videobranche, der Landesmedienanstalten, Jugendschützern, öffentlich-rechtlichen Rundfunkanstalten sowie der Privatpersonen aus dem öffentlichen Leben zusammen. Diese Begutachter betrachten den eingereichten Film und beurteilen ihn nach den Grundsätzen der FSK.

Diese Grundsätze bestehen aus 33 Paragraphen nach denen der zu prüfende Film beurteilt wird. Anschließend wird über das gerade Gesehene diskutiert und über die Altersfreigabe abgestimmt.

Hierbei reicht eine einfache Mehrheit. Dieses Gremium entscheidet dann auch darüber, ob ein Film die Freigabe „Freigegeben ohne

---

[32] vgl. FSK-Broschüre 2006: S. 5

Altersbeschränkung", „ab sechs Jahren", „ab zwölf Jahren", „ab sechzehn Jahren" oder „keine Jugendfreigabe" bekommt.

Diese Entscheidung teilt die FSK der obersten Landesbehörde mit, die die Freigaben dann rechtskräftig durchsetzten. [33]

Das Hauptinteresse der FSK besteht darin, dass es eine ausgewogene Mischung zwischen den im Grundgesetz festgeschriebenen Privilegien und Rechten auf Meinungs- und Informationsfreiheit gibt sowie dem Grundrecht auf geistige und seelische Unversehrtheit während der Entwicklung von Kindern und Jugendlichen.[34]

Dieser Spagat zwischen freier Meinungsäußerung und Schutz der Jugend ist nicht immer ganz einfach, da sie oft einander widersprechen und die FSK abwägen muss, welcher Aspekt überwiegt.

Hierbei sind die beiden wichtigsten zu beachtenden Paragraphen das Sittengesetz (Art.2 Abs. 1 GG) und die Meinungsfreiheit (Art. 5 GG). Da für die FSK das Jugendschutzgesetz als Grundlage bei der Schaffung ihrer eigenen Doktrin verwendet wurde, liegt der Schwerpunkt der Betrachtungsweise in diesem Bereich also auf dem Art. 2. Abs. 1 GG. Demzufolge darf laut FSK Richtlinien kein Film oder Bildträger:

„1. das sittliche oder religiöse Empfinden oder die Würde des Menschen verletzen, entsittlichend oder verrohend wirken oder gegen den grundsätzlich gewährleisteten Schutz von Ehe und Familie verstoßen, im Besonderen brutale und sexuelle Vorgänge in übersteigerter, anreißerischer und aufdringlich selbstzweckhafter Form schildern;

2. die freiheitlich-demokratische Grundordnung gefährden oder die Menschenrechte oder Grundrechte missachten, im Besonderen durch totalitäre oder rassenhetzerische Tendenzen;

---

[33] vgl. FSK Broschüre S. 6
[34] Bürgerliches Gesetzbuch; BGB, §1666

3. das friedliche Zusammenleben der Völker stören und dadurch die Beziehungen der Bundesrepublik Deutschland zu anderen Staaten gefährden, imperialistische oder militärische Tendenzen fördern oder das Kriegsgeschehen verherrlichen oder verharmlosen."[35]

Der wichtigste Paragraph bei der Beurteilung für welche Altersfreigabe ein Film geeignet ist, ist der Paragraph 14 Absatz 1 im Jugendschutzgesetz. Er lautet:

„Filme, sowie Film- und Spielprogramme, die geeignet sind, die Entwicklung von Kindern und Jugendlichen oder ihre Erziehung zu einer eigenverantwortlichen und gemeinschaftsfähigen Persönlichkeit zu beeinträchtigen, dürfen nicht zur Vorführung vor oder zur Abgabe an ihre Altersstufe freigegeben werden."

Daraus ergibt sich, dass die Filme dahingehend geprüft werden, welche Wirkung sie auf den Zuschauern haben oder haben könnten. Dabei ist wichtig, das Gesehene als Ganzes zu bewerten und nicht nur einzelne Aspekte. Auf diese Bewertungskriterien gehen wir an späterer Stelle allerdings noch genauer ein.

---

[35] Auszug aus der FSK-Broschüre 2006, S. 4-5

2.2.3. Die FSK Altersfreigaben

Da die FSK Altersfreigaben auf Kriterien des Jugendschutzes begründet sind, beurteilen sie ausschließlich die Wirkung von Filmen auf die jeweilige Zielgruppe. Diese Beurteilungskriterien enthalten also in keiner Weise eine Wertung des Filmes. Auch schließen sie jegliche Art von Beurteilung, ob sehenswert, lehrreich, pädagogisch wertvoll etc. aus. Wichtig bei der Beurteilung „ist grundsätzlich das Wohl der jüngsten Jahrgänge einer Altersstufe zu beachten. Ebenso sind nicht nur durchschnittliche, sondern auch gefährdete Kinder und Jugendliche zu berücksichtigen".[36]

Diese Kernaussage bedeutet im Einzelnen, dass (so gut es geht) alle sozialen Schichten, Bildungsniveaus und filmische Vorkenntnisse berücksichtigt werden müssen. Dabei versucht man den kleinsten gemeinsamen Nenner zu finden. Das dies, auf Grund der menschlichen Vielfalt, nicht immer möglich ist, liegt auf der Hand und so hat das eine oder andere FSK Urteil in der Vergangenheit für Kritik seitens der Bevölkerung geführt. Dazu aber im Detail an späterer Stelle mehr.

Wichtig ist auch der Aspekt, dass die FSK zwar nur Filme auf Antrag hin prüft, diese Filme aber nicht auf ihre Antragsvorgaben hin begutachtet. Das bedeutet für die zu prüfenden Filme im Einzelnen, dass wenn ein neuer Film der FSK vorgelegt wird, der Filmverleih bei der Vorlage einen Antrag für eine von ihm gewünschte Altersfreigabe stellt. „Freigegeben ab 12 Jahren" könnte zum Beispiel eine gewünschte Freigabe seitens der Filmverleihe sein. Nun begutachtet die FSK diesen Film und gibt ihr Urteil ab. Dabei lässt sie die Wunschaltersfreigabe komplett außen vor. So kann es passieren, dass ein Film, der vielleicht ab 12 Jahren sein sollte, die FSK Freigabe „Freigegeben ab 6 Jahren" oder „Freigegeben ab 16 Jahren" erhält. Wurde von der FSK eine Freigabe festgelegt, so ist dieses Urteil vorerst bindend. Der Filmverleih

---

[36] FSK-Broschüre 2006: S.6

27

darf diese Freigabe weder nach unten, aber auch nicht nach oben hinauf setzten.

Dieses stellt einige Filmverleiher vor ein Problem, da in einigen Filmbereichen, vor allem im Horror- und Actionbereich oft eine hohe Altersfreigabe oder sogar ein Jugendverbot angestrebt wird, um so ein gewisses Kundenklientel ins Kino zu locken. Viel gravierender ist aber die andere Richtung der Altersfreigaben. Erfolgt eine Höhere als geforderte Altersfreigabe, kann, aufgrund der großen Sprünge in Deutschland, die komplette Zielgruppe des Filmes wegfallen. Dieser Fall tritt viel häufiger auf, als eine zu niedrige Altersfreigabe. Da die Filmverleihe gezwungen sind, das Urteil anzunehmen bieten sich ihnen nur zwei Möglichkeiten ihre gewünschte Freigabe doch noch zu erhalten.

Entweder sie gehen in Revision und hoffen auf ein milderes Urteil einer höheren Instanz oder aber sie schneiden die kritisierten Szenen um und legen den Film in der geänderten Fassung erneut vor,[37] bis sie ihre gewünschte Altersfreigabe erhalten haben.

Da die Kriterien der FSK festgesetzt und öffentlich einsehbar sind, kann man vorher teilweise recht gut als Filmverleiher voraussagen, wie ein Film wohl eingestuft werden wird.

Die Kriterien sind im Einzelnen:

„Freigegeben ohne Altersbeschränkung

Kleinkinder erleben filmische Darstellungen unmittelbar und spontan. Ihre Wahrnehmung ist vorwiegend episodisch ausgerichtet, kognitive und strukturierende Fähigkeiten sind noch kaum ausgebildet. Schon dunkle Szenarien, schnelle Schnittfolgen oder eine laute und bedrohliche Geräuschkulisse können Ängste mobilisieren oder zu Irritationen führen.

Kinder bis zum Alter von 6 Jahren identifizieren sich vollständig mit der Spielhandlung und den Filmfiguren. Vor allem bei Bedrohungssituationen findet eine direkte Übertragung statt. Gewaltaktionen, aber auch

---

[37] vgl. Schnittbericht Harry Potter 2 - Die Kammer des Schreckens 1. bis 3. Vorlage bei der FSK

Verfolgungen oder Beziehungskonflikte lösen Ängste aus, die nicht selbständig und alleine abgebaut werden können. Eine schnelle und positive Auflösung problematischer Situationen ist daher sehr wichtig.

Freigegeben ab 6 Jahren

Ab 6 Jahren entwickeln Kinder zunehmend die Fähigkeit zu kognitiver Verarbeitung von Sinneseindrücken. Allerdings sind bei den 6- bis 11-jährigen beträchtliche Unterschiede in der Entwicklung zu berücksichtigen. Etwa mit dem 9. Lebensjahr beginnen Kinder, fiktionale und reale Geschichten unterscheiden zu können. Eine distanzierende Wahrnehmung wird damit möglich.

Bei jüngeren Kindern steht hingegen noch immer die emotionale, episodische Impression im Vordergrund. Ein 6-jähriges Kind taucht noch ganz in die Filmhandlung ein, leidet und fürchtet mit den Identifikationsfiguren. Spannungs- und Bedrohungsmomente können zwar schon verkraftet werden, dürfen aber weder zu lang anhalten noch zu nachhaltig wirken. Eine positive Auflösung von Konfliktsituationen ist auch hier maßgebend.

Freigegeben ab 12 Jahren

Bei Jugendlichen dieser Altersgruppe ist die Fähigkeit zu distanzierter Wahrnehmung und rationaler Verarbeitung bereits ausgebildet. Erste Genre-Kenntnisse sind vorhanden. Eine höhere Erregungsintensität, wie sie in Thrillern oder Science-Fiction-Filmen üblich ist, wird verkraftet. Problematisch ist dagegen zum Beispiel die Bilderflut harter, gewaltbezogener Action-Filme, die zumeist noch nicht selbständig verarbeitet werden kann.

12- bis 15-jährige befinden sich in der Pubertät, einer schwierigen Phase der Selbstfindung, die mit großer Unsicherheit und Verletzbarkeit verbunden ist. Insbesondere Filme, die zur Identifikation mit einem „Helden" einladen, dessen Rollenmuster durch antisoziales, destruktives oder gewalttätiges

Verhalten geprägt ist, bieten ein Gefährdungspotenzial. Die Auseinandersetzung mit Filmen, die gesellschaftliche Themen seriös problematisieren, ist dieser Altersgruppe durchaus zumutbar und für ihre Meinungs- und Bewusstseinsbildung bedeutsam.

Freigegeben ab 16 Jahren

Bei 16- bis 18-jährigen kann von einer entwickelten Medienkompetenz ausgegangen werden. Problematisch bleibt die Vermittlung sozial schädigender Botschaften. Nicht freigegeben werden Filme, die Gewalt tendenziell verherrlichen, einem partnerschaftlichen Rollenverhältnis der Geschlechter entgegenstehen, einzelne Gruppen diskriminieren oder Sexualität auf ein reines Instrumentarium der Triebbefriedigung reduzieren. Auch die Werteorientierung in Bereichen wie Drogenkonsum, politischer Radikalismus oder Ausländerfeindlichkeit wird mit besonderer Sensibilität geprüft.

Keine Jugendfreigabe

Das bisherige „höchste" Kennzeichen „Nicht freigegeben unter 18 Jahren" lautet seit 1. April 2003 „Keine Jugendfreigabe". Dieses Kennzeichen wird vergeben, wenn eine einfache und keine schwere Jugendgefährdung vorliegt. Nach § 14 Abs. 3 u. 4 JuschG erfolgt für Videos, für die öffentliche Filmvorführung, wenn der Film nicht offensichtlich schwer jugendgefährdend ist. So gekennzeichnete Filme, Videos und DVDs können von der Bundesprüfstelle für jugendgefährdende Medien (BPjM) nicht indiziert werden."[38]

Dies sind die Kriterien und Richtlinien nach denen die zu prüfenden Filme begutachtet werden sollen. Das die einzelnen Altersfreigaben eine sehr große Diskussionswürdigkeit aufwerfen, wird schon beim Lesen der Vorgaben sehr schnell deutlich.

---

[38] Auszug aus der FSK-Broschüre 2006, S. 6-7

Denn selbst die Richtlinien erkennen an, dass zwischen einem 6-Jährigem und einem 11-Jährigem sehr große Entwicklungssprünge zu verzeichnen sind. Jedoch ist dies für die Begutachtung irrelevant, da laut Gesetz ja immer die jüngsten möglichen Zuschauer bedacht werden müssen.

Dies ist ein Punkt, der in der Vergangenheit immer wieder zu verschiedensten Diskussionen geführt hat, innerhalb, sowie außerhalb der FSK. [39]

Am stärksten stößt diese Regelung der Filmwirtschaft auf, da ein Film der durchaus für einen 9 Jährigen geeignet gewesen wäre, da diese Altersgruppe ja schon die Fähigkeit besitzt zwischen realer und fiktionaler Welt zu unterscheiden, erst ab 12 Freigegeben werden kann, um die unter 9 Jährigen zu schützen. Eine Regelung, die besonders im Bereich des Fantasy Filmes immer wieder zu großen Ärgernissen führt.[40]

Es wurden in der Vergangenheit auch schon etliche Debatten um weitere Zwischenstufen geführt und immer wieder mehr Verantwortung von den Eltern gefordert, jedoch kam es bis zur Einführung der PG-Regelung zu keinen Einigungen.
Die PG-Regelung ist sicher ein guter und richtiger Schritt, hin zur Liberalisierung der Freigaben, jedoch birgt auch sie große Nachteile in sich. Auf die PG-Regelung wird an späterer Stelle noch genauer und differenzierter eingegangen.

Historisch bedingt gibt es bei der Beurteilung gewisser Filme aber auch noch eine Sonderregelung, die zwar nur ab und zu in Kraft tritt, der Vollständigkeithalber jedoch kurz erwähnt werden muss. Widerspricht ein Film „dem Charakter gewisser Feiertage so sehr, dass eine Verletzung des

---

[39] FSK Broschüre 2006: S. 6
[40] vgl. Spielfilm Die Chroniken von Narnia – Die Königin von Narnia

religiösen und sittlichen Empfindens zu befürchten ist"[41] wird er für diesen Feiertag nicht freigegeben.

2.2.4. Die PG-Regelung und die schwierige Altersstufe der 6- bis 12-Jährigen

Als am 01.04.2003 die neue PG-Regelung, im Zuge der Neuerungen bei der FSK in Kraft trat, waren Experten, die sich dazu äußerten geteilter Meinung.

Die Einen waren hoch erfreut und sahen in ihr eine Chance „den Eltern die Verantwortung zu übertragen, welchem Film sie ihrem Kind erlauben"[42], sowie eine „sehr positive Regelung im Sinne des Jugendschutzes".[43]

Jedoch gab es auch sehr scharfe Kritik, da durch diese Regelung auch 6-Jährige Filme besuchen dürfen, die nichts für sie sein. Zwar befände sich das Kind in Begleitung einer Sorgeberechtigtenperson, jedoch wisse diese Person oft zu wenig über den Film, den sie sich gleich mit ihrem Kind anschaut. So könne es passieren, dass das Kind einen Film sehe, der durchaus für es zumutbar sei[44], jedoch besteht auch die Möglichkeit, dass das Gesehene von dem Kind nicht verarbeitet werden könne[45].

Hintergrund der PG-Regelung ist, dass die FSK versucht mit ihrer Hilfe die enorm große Lücke zwischen 6 und 12 Jahren zu schließen.

Die Regelung besagt im Detail, dass jedes Kind, welches das 6. Lebensjahr erreicht hat und welches in Begleitung eines Sorgerechtsberechtigendem Erwachsenen ist, einen Film mit der Freigabe „Freigegeben ab 12 Jahren" besuchen darf.

---

[41] FSK- Broschüre 2006: S.7
[42] Engasser: S. 9
[43] Goehlnich: S. 10
[44] z.B. Film Harry Potter
[45] z. B. Film Troja

Die FSK begründete diese Regelung damit, dass gerade, weil in diesem Alterssegment die Kinder so unterschiedlich sind, die Eltern am besten wissen würden, was sie ihren Kindern zumuten können und was nicht.

Die stark hervorgehobene Rolle der Eltern ist zwar positiv zu sehen, jedoch müssen die Eltern sich ihrer neuen Verantwortung bewusst gemacht werden und sich darüber im Klaren sein, dass gerade Gewalt in Filmen eine große Gefahr für die Entwicklung ihres Kindes mit sich bringt.

Denn die gesehene Gewalt in Filmen müsse eine „klare Einordnung"[46] haben. Sie dürfe ausschließlich in ein „moralisches Gefüge eingebettet sein"[47] und es sollte klar erkennbar sein, dass die „positiven Figuren, die Helden des Filmes, die nicht mit Gewalt agieren … die Gewinner des Filmes sind".[48]

Auch müssen die Eltern berücksichtigen, wie viel Genrekompetenz[49] ihre Kinder bereits haben, denn diese ist bei vielen Filmen gerade im Bereich Actionfilme und Science-Fiction-Filme von immenser Wichtigkeit, um das gerade gesehen einordnen und vor allem verarbeiten zu können.

Auch haben viele Filme, die „Freigegeben ab 12 Jahren" sind, eine zu komplexe Handlungsstruktur für 6-Jährige, denn diese benötigen Filme, wo es „möglichst eine Geschichte gebe, die klar strukturiert ist und nicht zu komplex erzählt wird".[50]Außerdem dürfen „Bedrohungssituationen nicht zu drastisch und auch nicht zu lange andauern"[51], damit das gerade Erlebte verarbeitet werden kann.

---

[46] Hasenberg: S. 8
[47] Schwarzweller: S. 6
[48] Goehlnich: S. 8
[49] vgl. Hasenberg: S. 8
[50] Hasenberg: S. 13
[51] Schwarzweller: S. 9

Zwar gibt es bei Kindern und Jugendlichen der heutigen Generation ein extrem verändertes Sehbewusstsein, jedoch dürfe man sie nicht über ein Maß strapazieren, um ihre Entwicklung nicht zu gefährden.

Aber trotz aller Kritik und Risiken sehen die meisten Experten die PG-Regelung als einen Schritt in die richtige Richtung und hoffen, dass die Eltern sich ihrer neuen Verantwortung bewusst sind und ihre Aufgabe ernst nehmen. Geht es doch immerhin um das Wohl ihres Kindes.

Unklar bleibt allerdings die Frage, wo die Eltern ihre Informationen über den Film, den sie sich gemeinsam mit ihrem Kind anschauen wollen, her nehmen sollen. Sind Kinotrailer und Filmkritiken doch eher sehr subjektiv und beschränken sich oftmals auf die Höhepunkte des Filmes. In diesem Punkt wäre eine grobe Hilfestellung der FSK vielleicht angebracht.

2.2.5 Die verschiedenen Gremien der FSK

Die Freiwillige Selbstkontrolle der Filmwirtschaft ist im laufe der Jahre zu einer großen Organisation mit vielen verschiedenen Gremien, Stellen und Ausschüssen geworden. Es gibt verschiedene Instanzen, die durchlaufen werden können.

Als erstes wird ein Film, der zur Erstprüfung bei der FSK eingereicht wird, dem Arbeitsausschuss vorgelegt. Dieser Arbeitsausschuss ist für die meisten Prüfungen verantwortlich. Er besteht aus 7 Mitgliedern, die sich wie folgt zusammensetzten: 3 Vertreter der Film- und Videowirtschaft, vier Personen aus dem Bereich der öffentlichen Hand. Diese Vier werden durch einen ständigen Vertreter der Obersten Landesjugendbehörde, ein Jugendschutzsachverständiger, sowie zwei Vertretern der gesellschaftlichen Gruppen gestellt.

Anhand dieser Zusammensetzung und der Tatsache, dass für alle Urteile eine einfache Mehrheit ausreicht, lässt sich sehr gut erkennen, dass die Filmwirtschaft zwar eine nicht zu verachtende Mitsprache bei den Urteilen der FSK innehat, sie jedoch nicht maßgebend sind, da sie überstimmt werden können.

Dieser Ausschuss entscheidet nach eingehender Sichtung und Begutachtung, des zu prüfenden Filmes, welche Altersfreigabe dieser hat. Dabei richten sie sich ausschließlich nach den bereits oben mehrfach erwähnten Kriterien.
Dabei fertigen sie in ihrer Beurteilung auch eine Liste mit Szenen an, die, wenn sie entschärft oder umgeschnitten werden sollten, zu einer geringeren oder der von dem Filmverleih gewünschten Altersfreigabe führen. Diese Liste wird zusammen mit ihrer Beurteilung und der beschlossenen Altersfreigabe zurück an den Filmverleih geschickt.

Hat der Filmverleih diese Liste erhalten, gibt es für ihn die Möglichkeit das Urteil zu akzeptieren, die Szenen wie gefordert umzugestalten oder in

Berufung zu gehen. Letzteres führt dazu, dass der Film dem Hauptausschuss vorgelegt wird.

Der Hauptausschuss fungiert als Berufungsinstanz und ist mit neun Prüfern bestückt. Die Verteilung der Prüfer, aber nicht die Prüfer, ist hierbei dieselbe wie im Arbeitsausschusses. Jedoch sind nun noch ein Vorsitzender sowie ein Sachverständiger mit anwesend. Diese Kommission prüft den Antrag sowie die Beurteilung des Arbeitsausschusses und bestätigt entweder die Altersfreigabe oder korrigiert sie gegebenenfalls. Diese Korrektur darf jedoch nur zu Gunsten des Antragstellers ausfallen.

Ist der Filmverleiher auch mit der erneuten Beurteilung nicht einverstanden und will er auch keine Umschnitte an dem Film vornehmen, so gibt es für ihn als letzte Möglichkeit, den Film dem Appellationsausschuss vorzulegen und eine erneute Prüfung zu beantragen.

Diese letzte Instanz ist die Revisionsinstanz der FSK. Sie setzt sich aus einem Vorsitzenden, der die Richterwürde innehat, zwei Sachverständigern des Jugendschutzes sowie vier Vertretern der obersten Landesbehörde zusammen. Die hier getroffene Entscheidung ist bindend und kann nicht weiter angefochten werden.[52]

Das die FSK drei Instanzen besitzt, die ein Film bei der Kennzeichnung seiner Altersfreigabe durchlaufen kann, zeigt wie enorm wichtig die Altersfreigabe aus Sicht der Filmwirtschaft ist.

Denn würde der Altersfreigabe an den Kinokassen keine Bedeutung beigemessen werden, so würden die Filmverleihe nicht in Berufung oder Revision gehen.

Interessant ist auch, wie das Mitspracherecht der Filmwirtschaft in den Prüfgremien abnimmt. Es sinkt von 3/7 auf 0.

---

[52] vgl. FSK-Broschüre 2006: S. 9

Neben diesen 3 Hauptgremien besitzt die FSK noch diverse Sonderausschüsse, die sich mit Medien befassen, die keine Spielfilme sind. Kurzfilme, Dokumentarfilme, Industriefilme, etc. werden in diesen Sonderausschüssen geprüft und begutachtet. Da jeder Film laut Gesetz nach 15 Jahren erneut begutachtet werden muss, erfolgt diese Neuprüfung auch in den Sonderausschüssen. So kann es passieren, dass ein Film bei seiner Erscheinung „Freigegeben ab 18 Jahren" ist, später jedoch eine Freigabe ab 12 Jahren erhält[53]. Soll eine Altersfreigabe hinabgesetzt werden, so muss das Abstimmungsergebnis einstimmig sein, dies kommt allerdings nicht gerade selten vor.

Diese Tatsache spiegelt sehr gut unsere Entwicklung in Bezug auf das Medium Film wieder.

Momentan arbeiten 190 Prüfer auf ehrenamtlicher Basis bei der FSK, um die Flut der vielen eingereichten und neu zuprüfenden Filme bewältigen zu können.

Diese Prüfer werden jeweils für einen Zeitraum von 3 Jahren eingesetzt und müssen über umfangreiches Wissen entweder aus dem Bereich Film oder Psychologie verfügen. Sie dürfen nicht in der Filmwirtschaft tätig sein, um eine Beeinflussung durch die Industrie zu vermeiden. Jedoch darf die Filmwirtschaft Prüfer vorschlagen. Diese Tatsache verdeutlicht erneut die Wichtigkeit der Altersfreigaben für die Filmwirtschaft, denn sonst müsse die FSK negative Beeinflussung nicht fürchten.

---

[53] vgl. Die Sünderin (Zweitprüfung 1957 FSK 18, Neuprüfung 1994 FSK 12)

2.2.6. Gewaltdarstellung im Kino und ihre Beurteilung

Wird ein Film geprüft, so liegt das Hauptaugenmerk der Prüfer auf dem Aspekt der Gewaltdarstellungen [2*]. Wichtig ist dabei jedoch der Aspekt, dass sich die Prüfer nicht an einzelnen Szenen mit Gewaltinhalten im Film orientieren, sondern den ganzen Film betrachten. Es wird also nicht sondiert und gefiltert das Gesehene beurteilt, sondern immer im Kontext der Rahmenhandlung. Wichtig ist dabei auch die Musik und Dramaturgie. Spielt sie doch eine entscheidende Rolle bei der Einordnung des Ganzen.

Dadurch kann es passieren, dass Filme partiell sehr starke Gewaltszenen enthalten, diese jedoch keine nachhaltige Wirkung zeigen. So bekommen Filme wie „Pans Labyrinth" oder „Hot Fuzz" eine FSK 16 Freigabe trotz der Tatsache, dass sie sehr starke Gewalt, die auch deutlich und detailliert gezeigt wird, enthalten.

Wichtig ist, dass die „Darstellung von Gewalt glaubhaft in eine Handlung eingebunden ist, die die Darstellung von Gewalt problematisiert und den Zuschauer letztlich gegen diese Gewalt einnimmt."[54].

Durch diese Praxis ist es für Außenstehende teilweise extrem schwierig einzelne Entscheidungen der FSK nachzuvollziehen und führte in der Vergangenheit schon zu heftigen Diskussionen.

Fragwürdig ist aber trotzdem, wenn die Gewalt nicht an einzelnen Szenen und Aspekten festgemacht wird, wieso einige Filme dann Schnittauflagen bekommen, um eine gewünschte Freigabe zu erhalten.

Denn die FSK Richtlinien sagen zu der Beurteilung von Gewalt ganz klar folgendes aus: „Maßgeblich für die Beurteilung ist die Wirkung des gesamten Films oder Trägermediums oder deren einzelner Teile. Bei einzelnen Teilen ist auch die Gesamtwirkung zu berücksichtigen"[55]

---

[54] Hönge 1998: S. 58
[55] § 2 Abs. 3, Grundsätze der FSK 2005

Die Betonung der Gesamtwirkung taucht immer wieder an verschieden Stellen, so auch in dem Jugendschutzgesetz auf. So heißt es zum Beispiel in § 18 Abs.2: „ Zu berücsichtigen sind alle Beeinträchtigungen, die vom Film oder Trägermedium im Ganzen oder in ihren Einzelheiten ausgehen können, wobei die Gesamtwirkung nicht außer Acht zu lassen ist".[56]

Dies bedeutet gerade für das untere Alterssegment, die 6- bis 12-Jährigen, dass geschaut werden muss, ob die Zielgruppen „in der Lage sind, die Relativierung der dargestellten Gewalt im Gesamtkontext nachzuvollziehen"[57] oder aber, ob ihnen aufgrund von mangelnder Genre Erfahrungen diese Fähigkeit fehlt, urteilt Folker Hönge, ständiger Vertreter der Obersten Landesjugendbehörden der FSK.

Von elementarer Bedeutung bei der Beurteilung und Verarbeitung des gerade Gesehenen ist aber auch, wie lange die einzelnen Pausen zwischen An- und Entspannung sind. Diese wirken maßgeblich auf die Entscheidungen der Prüfer mit ein. Relevant sind aber auch die Dramaturgie sowie der Rhythmus des Filmes. Schnitt, Kameraoperationen können das Gesehene verstärken oder abschwächen.

Abgesehen von der Machart des Filmes spielt für Hönig aber auch das Genre und die damit verbundene Realitätsnähe eine wichtige Rolle. „Wenn die im Film dargestellte Situation mit der Realität von Zwölfjährigen übereinstimmt ist die Gefahr groß, das unter Umständen Irritationen, die durch die Filmhandlung vermittelt werden, weniger gut verarbeitet werden können, als wenn die Story eindeutig fiktiv eingeordnet wird."[58]

Wie wichtig der Punkt der Realitätsnähe ist, kann man recht deutlich an einigen FSK Urteilen der Vergangenheit erkennen. So bekam der Film „Troja" trotz seiner vielen Schlachten und teilweise epischen Gewaltorgien eine Freigabe ab 12 Jahren. Auch erhielt die Comic Verfilmung von Frank

---

[56] §18 Abs. 2 GG
[57] Hönge 1998: S. 58
[58] Hönge 1998: S. 65

Miller „*300*" eine Freigabe ab 16 Jahren und dies, obwohl im Film literweise Blut spritzte und Menschen abgeschlachtet wurden.

Die Begründung lag in der veränderten Bildgestaltung und der Realitätsferne des Gesehenen. Eine Regel, auf die sich auch Peter Jacksons „*Herr der Ringe*" stützen konnte, um die begehrte „Freigeben ab 12 Jahren" Plakette zu erhalten. Denn trotz der vielen gezeigten epischen Schlachten und großen Spannungsmomenten, konnten die Kinder „einschätzen, dass es sich dabei um ein Märchen handle".[59]

Bei dieser Regelung wird einmal mehr deutlich, dass den Kindern ab 12 Jahren eine recht hohe Medienkompetenz zugesprochen wird und ihnen so viel Eigenverantwortung auferlegt wird. Das dies seit der PG-Regelung auch auf 6-Jährige zutrifft, ist jedoch in meinen Augen eine fragwürdige Entscheidung.

Schwierig wird es jedoch, wenn das Gezeigte zwar eindeutig fiktiv ist, jedoch die Gewaltmomente den Film bestimmen. In so einem Fall kann, trotz der großen Distanzierung zum Gesehenen, die Jugendfreigabe verweigert werden.[3*)] Dies sind aber eher seltene Fälle und die Darstellungen müssen extrem drastisch ausfallen.

Ein großes Problemfeld stellen bei der Beurteilung allerdings, Zeichentrick- und Animefilme da.

Das Gesehene ist eindeutig fiktiv, jedoch gibt es teilweise drastische Spannungsmomente und Gewaltsequenzen. Diese sind zwar machartbedingt stark verfremdet, jedoch haben auch sie die Möglichkeit einer Überreizung. Für diese Extremfälle gibt es keine klaren Richtlinien und es muss von Fall zu Fall gesondert entschieden werden.

Schwierig ist auch die Altergruppe der 6-Jährigen, da sie längere Pausen brauchen, um das gerade Gesehene zu verarbeiten und zu bewerten. Vor allem sind diese im Kino von einer enormen Relevanz, da sie in einer

---

[59] Britta Schmeis in Augsburger Allgemeine Zeitung vom 10.12.2004, S. 23

fremden Umgebung eher auf sich allein gestellt sind. Sie brauchen die Möglichkeit „ sich nach stark emotionalisierenden oder verängstigenden Szenen aus der Handlung auszuklinken, um dann später wieder in die Handlung einzusteigen".[60]

Anders sieht es dagegen bei Filmen aus, die darauf geprüft werden ob sie „Freigegeben ab 16 Jahren" oder „keine Jugendfreigabe" erhalten. Dabei stehen nicht die An- und Entspannung im Vordergrund der Beurteilung, sondern die Art der gezeigten Gewalt. Hierbei gilt zu Prüfen, ob die Gewalt als Mittel zum Zeck dient oder aber, ob sie aus reiner Notwehr stattfindet.
Auch wird geprüft, ob die Gewaltszenen „unkommentiert als Mittel des Nervenkitzels, also zu Unterhaltungszwecken"[61] oder aber, ob die Gewalt durch gewisse Ereignisse im Vorfeld gerechtfertigt ist.
Die Grenzen sind bei derlei Beurteilungen natürlich fließend und so kommt es immer wieder zu diversen Auseinandersetzungen auch innerhalb der FSK.

Denn ab wann ist Gewalt gerechtfertigt? Gibt es überhaupt Situationen in denen Gewalt gerechtfertigt ist? Ein schönes Beispiel für die Unterscheidung zwischen gerechtfertigter Gewalt, also eher passiver Gewalt und aktiver Gewalt ist die „Rambo" Trilogie.
Der erste Teil ist ab 16 Jahren freigegeben, da der Held dieses Teiles gejagt wird und sich nur verteidigt. In Teil II und Teil III dagegen, gehen die meisten Aggressionen von ihm aus und somit erhielten „Rambo II" und „Rambo III" eine Freigabe ab 18 Jahren.
Ein großes Problem stellen auch Filme dar, die strafrechtliche Themen enthalten oder in denen strafrechtliche Problematiken wesentliche Aspekte des Filmes einnehmen. Nationalsozialistische Ideologien oder Selbstjustiz zum Beispiel. Wie wird in solchen Fällen entschieden? In dem Film „The Punisher" geht es darum, das ein Polizist das Gesetz "selber in die Hand

---

[60] Hönge 1998: S. 67
[61] Hönge 1998: S. 59

nimmt und nach seinen eigenen Regeln lebt"[62], nachdem seine komplette Familie von einem Verbrechersyndikat ausgelöscht wurde. Auf seinem Weg tötet der ehemalige Polizist jeden, der sich ihm in den Weg stellt, bis er endlich seine Rache hat und das Oberhaupt des Gangstersyndikates ermorden kann.

Dieser Film behandelt Selbstjustiz in einer sehr drastischen Form, da sie von dem Helden und Sympathieträger des Filmes ausgeübt wird.

Wie also entscheiden? Zuerst wurde überlegte die FSK, ob der Film komplett indiziert und verboten werden sollte, da er strafrechtliche Aspekte glorifiziere.

Der Filmverleih ging jedoch in Berufung und bekam erst im Appellationsausschuss Recht. Dieser gestattete die Aufführung des Filmes mit der Begründung, dass der Held am Anfang des Filmes seinem Sohn sagt: „Rache wäre etwas Schlechtes und dürfe nicht ausgeübt werden". Des Weiteren erhielt der Filmverleih gravierende Schnittauflagen von insgesamt 387,2 Sekunden bei 40 Schnitten. Außerdem die Auflage, den Dialog, wo der Protagonist über Selbstjustiz redet und sie rechtfertigt, zu entfernen.

Somit wurde der komplette Inhalt des Filmes verfremdet.

Das Ergebnis war, dass der Film in Deutschland an den Kinokassen floppte, auf DVD jedoch einen normalen Umsatz erzielte. Dort wurde er nämlich mit einem SPIO/JK Gutachten geprüft und veröffentlicht. In dieser Version fehlten nur 36 Sekunden. Der Dialog über Selbstjustiz war jedoch immer noch nicht enthalten. Begründung war nach wie vor, dass der Film „Selbstjustiz verherrlichen und den Eindruck vermitteln (würde), dass der Rechtsstaat und die staatlichen Institutionen nicht fähig sind, Recht und Ordnung herzustellen. Die Aktionen des Helden bleiben unreflektiert und gerade bei jungen Menschen ... (können) solche Art von Filmen desillusionierend auf sie wirken".[63]

---

[62] vgl. The Punisher DVD erschienen bei Sony Pictures 2004 Covertext
[63] vgl. Hönge 1998: S. 61

Entscheidend bei der Beurteilung der Gewalt sind auch jeweils die Protagonisten der Gewalt. „So kann ein Kampf zwischen Vampiren oder Monstern durchaus gewalttätig sein, dennoch wird sich der Zuschauer, jedenfalls der über Sechzehnjährige, darüber im Klaren sein, dass es sich hier um Fiktion handelt. Wird die Szene allerdings mit aufwendigen, sehr realistisch wirkenden Special-effects gestaltet und wirken die Schauspieler in ihren Rollen glaubwürdig, so fällt eine Distanzierung zum Geschehen erheblich schwerer"[64], dadurch dürfe man in diesen Fällen keine Jugendfreigabe erteilen.[4*)]

Diese Regelung trifft Hollywood am härtesten. Denn sind es nicht gerade die gut gemachten Special-effects, welche die Hollywood Filme unserer Zeit ausmachen? Des Weiteren werden dadurch gute Schauspieler „bestraft". Denn stellen sie ihre Rolle zu realistisch dar, erfolgt automatisch eine höhere Freigabe und weniger Zuschauer können sie sehen.

Sind sie dagegen schlechte Schauspieler, werden sie einem breiteren Publikum zugänglich gemacht. Eine Regelung, die schwer nachvollziehbar ist, denn bleiben doch trotz Special-effects und guter künstlerischer Darstellung, die Handlung und das Geschehen fiktiv.

Jedem 16-Jährigen sollte klar sein, dass es Monster und Vampire nicht gibt. Auch wenn sie täuschend echt auf der Leinwand auftreten.

---

[64] vgl. Hönge 1998: S. 59

2.3. Kritische Betrachtung der Prüfkriterien der FSK

Abgesehen davon, dass die Entscheidungen, welche Altersfreigabe ein Film erhalten soll, nie ganz leicht sind, da es trotz der guten Vorgaben keine eindeutigen Urteile gibt, steht die FSK vor einem großen Problem, für das es auch nie Tabellen oder Reglements geben wird.

Die Entwicklungsunterschiede in den verschieden Altersklassen! Kein 6-Jähriger befindet sich auf dem gleichem Stand. Nicht einmal Brüder, die im selben Elternhaus aufwuchsen, sind emotional und bildungstechnisch gleich ausgeprägt. Dadurch passiert es automatisch, dass den einen Eltern die FSK Freigaben zu streng erscheinen, wieder anderen zu lasch.

Egal wie die FSK entscheidet, es wird immer Meinungen geben, die ihre Entscheidungen als falsch erachten. Dies wird sich wahrscheinlich auch nicht so schnell ändern.

Basieren bei der FSK die Grundsätze noch auf den Gesetzen von 1949, so wartet Hollywood jährlich mit neuen Tricks und vor allem neuen Handlungen auf.

Insbesondere bei den Geschichten und Märchen von heute ist oft nicht klar, ob gut gemachte Action oder verträumtes Fantasy Land mit Elfen und Feen, in denen die Helden nicht mehr Schneewittchen und Dornröschen heißen, sondern Frodo Beutlin und Harry Potter.

2.3.1 Harry Potter - neuer Gesprächsstoff über die FSK

Harry Potter ist ein Name, den wohl mittlerweile jeder in unserer Gesellschaft kennt und mit dem jeder unterschiedliche Assoziationen hat. Für die Einen ist er ein persönlicher Held und Idol, für Andere schlicht und ergreifend ein willkommener Werbeträger. Wieder Andere sehen in ihm eine Gefahr für die Jugend und würden ihn am liebsten abschaffen und verbieten.

Als der erste Harry Potter Film *„Der Stein der Weisen"* in die Kinos kam, hatte keiner erwartet was für ein Medienrummel es um den kleinen schmächtigen Jungen mit der Hornbrille geben würde. Jeder stürzte sich auf ihn und wollte ein Stück vom Ruhmeskuchen „Harry Potter" abhaben. Denn „unter dem Namen Harry Potter kann man … so ziemlich alles unter die Leute bringen: Kinokarten, Andenken aus Plastik und Ansichten aus dem Mittelalter" [65]

Einige Kritiker sahen in Harry Potter eine Gefahr für ihre Kinder, da es in dem Film immerhin um Zauberei und Hexerei ging. Jeder hatte eine Meinung zu diesem Thema, sogar hochrangige Politiker und Würdenträger. Der CSU – Bundestagsabgeordnete Bruno Zierer warnte ausdrücklich davor sich den Film anzuschauen, und vertrat die Meinung, dass der „Film in Deutschland vorerst nicht [gezeigt werde, denn] für Sechsjährige [sei] soviel Okkultismus gefährlich".[66]
Die Medieneuphorie ging so weit, das sich sogar Paps Benedikt XVI zu Wort meldete und Harry Potter als eine „subtile Verführung, die unmerklich und gerade dadurch tief wirkend, das Christentum in der Seele zersetze"[67]bezeichnete.

---

[65] Wolf, 2001: S. 234
[66] Wolf, 2001: S. 236
[67] Artikel: „Er verdammt Harry Potter" in: Berliner Zeitung vom 14.07.2005, S. 31

Diesen schweren Anschuldigungen entgegneten Harry Potter Fans damit, dass in den Filmen nicht das „Böse" verherrlicht werde, sondern vielmehr der „Held" Harry Potter mit seinen Freunden versucht eben jenes zu bekämpfen. Auch sei schwarze Magie an der Zauberschule verboten und unter schwere Strafe gestellt.

Dr. Ulrich Dehn, Sprecher der Evangelischen Kirchen bekräftigte dieses indem er sagte: „...schwarze Magie ist auch in Harry`s Zauberschule verboten, Die Kinder identifizieren sind nicht mit dem Bösen, sondern mit Harry. Er ist fair, ein Held, der für das Gute kämpft."[68]

Inwieweit Kinder durch Harry Potter zum Okkultismus verleitet werden, liegt wahrscheinlich im Auge eines jeden Betrachters selbst. Fakt ist, das die FSK den Film durchaus für 6-Jährige als akzeptabel beurteilte und ihm ein „Freigeben ab 6 Jahren" als Bewertung erteilte. Die Filmwirtschaft begrüßte den Aufruhr, da er ihr doch kostenlose PR verschaffte. Die Einspielergebnisse sprachen für sich, da ca. 13 Mio. Deutsche den Film im Kino sahen.

Als der zweite Teil „die Kammer des Schreckens" erschien, äußerten nicht die Kirchen ihr Bedenken, sondern Jugendschützer. Der zwcite Teil war um ein vielfaches düsterer, brutaler und spannender gehalten wurden als sein Vorgänger. Viele Empörten sich, als der Film mit einer Freigabe „Freigegeben ab 6 Jahren" in die Kinos kam. Die FSK gab dazu Folgendes Statement ab:

„Der Arbeitsausschuss charakterisierte „Harry Potter" als phantasievollen Märchenfilm, der in Inhalt und Gestaltung kindgerecht inszeniert ist. Die erzählte Geschichte ist nachvollziehbar und in ihrer chronologischen Anlage bereits verständlich für Kinder ab 6 Jahren. Die Figurenzeichnung ist gründlich und überzeugend.

---

[68] Dr. Ulrich Dehn, Evangelische Kirche in: Goehlnich, 2002

Insbesondere die drei Kinderdarsteller bieten sich kindlichen Zuschauern zur Identifikation an. [...]. Die Musik unterstützt die filmische Erzählung, indem sie Spannung, Action und Bedrohung ankündigt wie auch in ruhige Dialogpassagen überleitet. Die Botschaft des Films ist eindeutig und verständlich: Freundschaft und Solidarität. Der Film ist von Beginn an so angelegt, dass die Geschichte gut ausgehen wird. [...] Das Zaubern in diesem Film kann als klassisches Märchenmotiv, wie es in Kinderbüchern thematisiert wird, eingeordnet werden."[69]

Allerdings gab es die Altersfreigabe „ab 6 Jahren" erst im 5. Anlauf sowie einer Gesamtkürzung von 2 Min und 19. Sekunden. Vorher verweigerte die FSK die Freigabe „ab 6 Jahren" und erteilte eine „Freigabe ab 12 Jahren" Bewertung aufgrund der heftigen und beängstigten Gewaltdarstellungen.[70]
Wieso der Film nach der Kürzung für 6 jährige ertragbar war, verwundert ein wenig, betont die FSK doch immer wieder, dass man nicht einzelne Szenen sehen darf, sondern den Gesamtkontext und die Gesamtaussage.

Der wichtigste Grund bei der Beurteilung der beiden ersten Harry Potter Filme ist und bleibt der Aspekt der „Märchenhaftigkeit" der es erlaubt den Kindern genügend Distanz zwischen sich und dem gesehenen zu bringen. Außerdem werden die teilweise recht gruseligen Szenen schnell wieder aufgelöst und es erfolgen lange Phasen der Entspannung die durch Witze verstärkt werden. Somit erfüllen die Filme alle nötigen FSK Kriterien, die eine „Freigabe ab 6 Jahren" rechtfertige.

Schwieriger ist dann allerdings schon der dritte und fierte Harry Potter Teil zu bewerten. Zwar gab es hier von vornherein die „Freigegeben ab 12 Jahren" Bewertung von der FSK, was aufgrund der zu diesem Zeitpunkt in kraft tretenden PG-Regelung aber einer altern „Freigegeben ab 6 Jahren" Beurteilung gleich kam. Somit konnten all diejenigen Kinder welche die

---

[69] vgl. FSK Beurteilung Harry Potter und die Kammer des Schreckens 1. Vorlage am 28.10.2002
[70] vgl. FSK Beurteilung: Harry Potter und die Kammer des Schreckens 1. Vorlage am 28.10.2002

ersten Teile bereits gesehen haben ob im Kino oder auf DVD nun auch Teil drei und vier miterleben.

Dabei beurteilt sogar die FSK die dort gezeigten Bilder als drastisch und dermaßen beängstigend, dass der dritte Harry Potter Film, nicht mit den Vorgängern zu vergleichen sei und man ihm selbst unter Schnittauflagen eine Freigabe ab 6 Jahren verweigern würde.[71]

Diesmal reichte die Filmwirtschaft kein Veto gegen das Urteil ein und akzeptierte dies wortlos, da die von ihnen gewünschte Zielgruppe dank der PG-Regelung den Film sehen durfte. Der Zeitpunkt der Einführung dieser Regelung war aus Sicht der Filmtreibenden Wirtschaft also mehr als nur günstig gewählt.

Gleichzeitig offenbart sich hier, aber wieder das oft angesprochene Problem der PG-Regelung, Kinder dürfen Filme sehen die eigentlich nicht für ihre Altersklasse geeignet sind. Das dabei ein Erwachsener anwesend ist, spielt im Kino wo jeder allein in seinem Sessel sitz jedoch kaum eine Rolle.

---

[71] vgl. FSK Beurteilung: Harry Potter und der der Gefangene von Askaban 1. Vorlage am 26.05.2004

2.3.2. Umstrittene Entscheidungen der FSK

In den vergangen Jahren kam es immer wieder zu großen Diskussionen seitens der besorgten Eltern, über einige FSK Urteile. Diese Kritik häuft sich in den letzten Jahren. Nachfolgend sind einige Fallbeispiele aufgeführt.

Als umstrittenste FSK-Entscheidung gilt die Freigabe von „Jurassic Park" „ab 12 Jahren". Sie löste eine wochenlange Diskussion in deutschen Medien aus, da die gezeigten Szenen sehr drastisch und real wirkten. Die FSK fand jedoch, das „in dem zu erwartendem super Blockbuster ... zwar viele extreme Spannungsmomente und Schockszenen enthalten sind,... welche auch äußerst real mit fantastischen Special Effekten versehen sind,... jedoch hätten diese, aber nicht das Geringste an Realitätsbezug". [72] Ein Argument welches in anderen Fällen jedoch nicht greift, bei „Blade" zum Beispiel.

Im Bereich Kinderfilm ist eine sehr umstrittene Entscheidung der letzten Jahre die FSK-12-Freigabe von „Die grüne Wolke". Sie löste bei Experten beim Kinderfilmfestival Goldener Spatz heftigste Kritik aus.

Auch der Anime-Film „Die letzten Glühwürmchen" schildert sehr drastisch, wie ein Jugendlicher und ein Kind in Japan am Ende des Zweiten Weltkriegs verhungern. Dieser Film wurde von der FSK ab 6 Jahren freigegeben. In anderen Ländern hat der Film dagegen eine Freigabe von ab etwa 12 Jahren. Jedoch findet die FSK trotz erneuter Prüfung keine Anzeichen für Szenen die die Entwicklung der Kinder nachhaltig schädigen, da „die Kinder keinen Zusammenhang zwischen den Kriegsleiden und dem Hungertod ziehen können.

Für sie steht die liebevolle Fürsorge des Jungen für seine Schwester im Vordergrund.... auch wenn diese am Ende stirbt."[73] vgl. FSK Beurteilung „Die letzten Glühwürmchen" vom 25.03.2002

---

[72] vgl. FSK Beurteilung „Jurassic Park" vom 11.08.1993
[73] vgl. FSK Beurteilung „Jurassic Park" vom 11.08.1993

Auch andere Filme, die teilweise sehr starke Vulgär- und/oder Fäkalsprache verwenden, wie etwa „Borat" (2006), der ab 12 Jahren freigegeben wurde, können als diskutabel angesehen werden. Im Falle „Borat" besteht die Schwierigkeit darin, dass die Sprache zwar recht rabiat ist, der Film jedoch – großteils – keine problematischen Darstellungen enthält.

Fassungslos waren auch viele Eltern, die den Film „Krieg der Welten" mit ihren Kindern im Kino anschauten. Obwohl in dem Film dramatisch ein Weltuntergangsszenario gezeigt wird, erhielt der Film eine „ab 12 Jahren" Freigabe, wurde also für Kinder ab 6 Jahren in Begleitung eines Volljährigen dank der PG-Regelung freigegeben, was auf ungläubige Verwunderungen stieß. Eine Entscheidung die schwer nachvollziehbar ist, erhielt dieser Film doch bei der ersten Vorlage eine Freigabe „ab 16 Jahren".

Dagegen legte die Verleihfirma Berufung ein und bekam eine Instanz höher die ersehnte Freigabe „ab 12 Jahren".[74] Somit durften hinterher 6 jährige einen Film schauen, den die FSK bei der ersten Begutachtung erst 16 jährigen zumutete.

Weitere umstrittene Filmurteile wurden in der Arbeit bereits an anderer Stelle diskutiert und werden deswegen hier nicht noch mal aufgeführt. (vgl. Harry Potter Filme, Troja, Sleepy Hallow usw.)

---

[74] vgl. FSK Beurteilung „Krieg der Welten" vom 22.06.2005

2.3.3. Die FSK im Wandel der Zeit

Der deutsche Spielfilm, „*Sophie Scholl – Die letzten Tage*" wurde am 09.12.2004 von der FSK geprüft, es war ihr 100.000ster Film. Zwischen diesem und ihrem ersten Film liegen mehr als 55 Jahre. In dieser Zeitspanne hat sich nicht nur der Film gewaltig weiter entwickelt, sondern auch die Gesellschaft und mit ihr ihre Werte, Vorstellungen sowie ihr Bezug zu dem Medium Film.

Ging man anfangs noch eher selten ins Kino oder nur zu besonderen Anlässen, so ist das Kino heute aus der Gesellschaft nicht mehr wegzudenken. Während dieser Zeit, kümmerte sich die FSK um das Wohl der Jugend und der Kinder, beurteilte Filme und war dadurch immer Ziel heftiger Diskussionen.

Während ihres Schaffungszeitraumes, war zwar der Aspekt der Gewaltbetrachtung in Filmen immer ein wesentlicher, jedoch gab es neben ihm auch andere, zeitlich beeinflusste Aspekte, die sich mal mehr mal weniger in den Vordergrund drängten.

So wurden in den 50er und 60er Jahren geschichtlich bedingt sehr viele politische Aussagen stark kritisiert und auch zensiert. Genauso verhielt es sich mit den sog. „Freizügigkeiten", die von der FSK aufs heftigste kritisiert wurden.

Auch wurde in den Anfängen öfter zensiert und umgeschnitten, als es heute der Fall ist. „In den ersten fünf Jahren ihres Wirkens hat die die FSK 613 Filme geschnitten oder gar nicht erst frei gegeben, immerhin 17 Prozent ihres Gesamtkontingents."[75]

Bei diesen Zensuren ist die Argumentation aus heutiger Sicht nicht mehr nachzuvollziehen, ergab aus damaliger Sicht, einer Nation die bemüht war ihren internationalen Ruf wieder aufzubauen, aber durchaus einen Sinn.

---

[75] Gangloff, 2004: S. 18

Besonders kritisch wurden dabei, verständlicher weise,   Bezüge zum Nationalsozialismus betrachtet.

So fielen der FSK Schere 1962 zum Beispiel in den Filmen „Casablanca" und „Die Eingeschlossenen" sämtliche Anspielungen oder Verweise auf den vorherrschenden Nationalsozialismus zum Opfer. Das dies die Wirkung und vor allem die Aussage der Filme extrem verzerrt, wurde dabei billigend in kauf genommen.

Zwölf Jahre zuvor, wurde dem Film „Rom die offene Stadt" eine Freigabe komplett Verweigert, da die FSK Prüfer befürchteten, dass dieser Film die deutsch italienische Freundschaft gefährden könne.

Neben dem Nationalsozialismus wurden aber auch viele Nacktszenen bzw. Szenen mit „spärlich bekleideten Frauen" kritisiert und Zensiert. „Die Sünderin" löste 1950 zum Beispiel eine Welle der Empörung aus, die in Straßenschlachten und Krawallen gipfelte.

Auslöser des Ganzen war Hildegard Knefs unbekleidetes Steißbein, das 9 sek. lang während des Filmes zu sehen war, als sie sich auf einem Bett räkelte.

Das ganze Thema Erotik und Sexualität war zu Beginn der FSK noch ein rotes Tuch, welches aber im Laufe der Zeit zunehmend verschwand und immer weniger kritisch betrachtet wurde. Die Studentenrevolutionen Anfang der 70er Jahre sowie die 68er Generation, taten ihr übriges bei der Liberalisierung von erotischen Darstellungen im Film.

„Der Trend zur sexuellen Liberalisierung wurde zunächst in den Printmedien deutlich, etwas später erreichte sie auch den Film und damit die FSK. Erste Sexfilme entstanden, die mehr zeigten als in den 50er Jahren denkbar gewesen wäre. [...] Anfang der 70er Jahre kamen als Reportage getarnte Sexfilme (Schulmädchenreport, Krankenschwesternreport etc.) hinzu."[76]

---

[76] Gottberg 1999: S. 10

Aber der Filmmarkt öffnete sich in dieser Zeit nicht nur für Erotik und Sexualität, sondern auch politisch, es fand eine extreme Liberalisierung statt. „Nun war der bundesdeutsche Filmmarkt auch offen für Werke, die bislang als so genannte kommunistische Propaganda überhaupt keine Chance hatten. Seither widmet sich die FSK nur noch dem Jugendschutz."[77]

Dieses Kriterium des Jugendschutzes hat sich in den vergangenen Jahren dahingehend, was den Kindern und Jugendlichen zugemutet wird, zwar verändert, jedoch bestehen hier noch immer die gleichen harten Kriterien „zum Schutz der Jugend" wie bei der Gründung der FSK.

„Heute sind es nur noch selten Sexfilme [oder Sexszenen] die uns bewegen einen Film nicht für Jugendliche freizugeben, stattdessen stehe immer häufiger die Gewalt im Blickpunkt."[78]

Da Gewaltdarstellungen in heutigen Filmen zugenommen haben und aufgrund neuer Tricktechniken und Kameraoperationen viel realistischer Wirken und umzusetzen sind als noch vor 20 Jahren, wird dieser Diskussionspunkt wohl ewig bestehen bleiben. Zwar sind auch hier die FSK Bewertungen teilweise viel liberaler geworden, jedoch wird gegen eine Altersfreigabe im ersten Ausschussverfahren immer häufiger Widerspruch eingereicht als in den Jahren zuvor.

Derzeit wird ca. jeder dritte Film im Appellationsverfahren neu geprüft und von der obersten Kommission der FSK erneut begutachtet. Und dieses nicht ohne Erfolg.

Der Film „Troja" bekam von der obersten Prüfstelle der FSK, seine gewünscht Freigabe ab 12 Jahren, wobei er vorher erst für 16-Jährige freigegeben wurden war. „Harry Potter" rutschte nach 5 Begutachtung und Schnittauflagen von FSK 12 auf FSK 6. „The Replacement Killers" brauchte dagegen 12 Anläufe und immer wieder neue Kürzungen um von „keine Jugendfreigabe" in den Kinos mit der Altersfreigabe „Freigegeben ab 16 Jahren" starten zu dürfen. „Tom Raider" musste sich auf seine positiv

---

[77] Gangloff, 2004: S. 18
[78] Gangloff, 2004: S. 25

besetzte Heldin Lara Croft, gespielt von Angelina Jolie, berufen um im 4. Anlauf die FSK 12 Freigabe zu erhalten. Und deren Beispiele gibt es viele.

Das die Öffentlichkeit dies nicht immer positiv auffasst und des Öfteren mit Unverständnis und boshaften Briefen an die FSK darauf reagiert, ist mittlerweile traurige Praxis geworden. Manchmal jedoch ist der Druck der besorgten Eltern so groß, dass die FSK ihre Entscheidung überdenkt und auch revidiert, was laut FSK Gesetzt aber eigentlich nicht möglich ist.

So zuletzt geschehen in dem Fall des Filmes „*Sleepy Hallow*". Als der Film in den deutschen Kinos anlief, hatte er eine Freigabe „Freigegeben ab 12 Jahren" bekommen. Diese wurde dem Film in zweiter Instanz vom Hauptausschuss genehmigt. Allerdings war die Welle der Elternproteste, ausgelöst durch die Kopfungssequenzen im Film, so groß, dass der Film erneut von der FSK geprüft wurde.

Diese Prüfung ergab, dass der Film tatsächlich erst für 16-Jährige zumutbar sei. Die Kinos mussten ihre Altersfreigaben ändern.

Das die nachträgliche Hochstufung des Filmes gegen sämtliche FSK Grundlinien verstieß, schien in dem Moment keinen zu Interessieren.

Jedoch wurden die Proteste fundamentalistischer Christen gegen Mel Gibsons Film „*Die Passion Christi*" ignoriert und der Film behielt die FSK 16 Freigabe.

In letzter Zeit ist die Freiwillige Selbstkontrolle der Filmwirtschaft aber wieder mehr in Fokus der Öffentlichkeit getreten, da die noch relativ neue PG-Regelung immer wieder für negative Schlagzeilen sorgt. Der STERN bemerkte dazu kurz nach der Einführung: „Die Folge [der PG-Regelung ist:] Siebenjährige dürfen in *Troja* zuschauen, wie Achill den Hector minutenlang zu Tode metzelt, wie in *Herr der Ringe* Orks geköpft werden[…]". [79]

---

[79] van Versendaal, 2004

Früher kürzte die FSK häufig fragwürdige Szene von sich aus und erteilte danach die entsprechenden Altersfreigaben, heute ist die Praxis jedoch andersherum.

Wurden 1989 noch ca. 6,6 % aller eingereichten Filme gekürzt, so lag die zahl der Kürzungen 2002 bei ca. 1%. Dieser Rückgang liegt nicht daran, dass die FSK liberaler geworden ist, oder weniger zensiert würde, sondern vielmehr daran, dass die Filmverleihe die Filme im Vorfeld kürzen um so die gewünschte Altersfreigabe für den deutschen Markt zu erreichen. Reicht die Erstkürzung nicht aus, kommt der Film erneut unter die Schere, bis die gewünschte Freigabe erreicht ist.[80]

Auf diese Weise fallen oft mehrere Minuten des Filmes weg. Der Kinobesucher bekommt dann nur die verstümmelte Version des Filmes zu sehen.

Eine Praxis, die sehr gut zeigt, wie viel der Filmwirtschaft an einer niedrigen Altersfreigabe liegt. Um die von der FSK gewünschte Altersfreigabe attestiert zu bekommen, werden die Filme im Vorfeld gekürzt, was erhebliche Kosten verursacht, die erst wieder eingespielt werden müssen.

Erscheint der Film dann auf DVD so sind die fehlenden Minuten wieder hinzugefügt. Das ganze wird dann als „uncut" oder „Directors Cut" erneut veröffentlicht und verkauft.

Unter diesen Umständen, der Tatsache, dass die meisten Kürzungen im Deutschen Kino freiwillig passieren, kann man der FSK nicht, wie es gerne getan wird, unterstellen sie sei eine Zensurbehörde. Jedoch ist es Fragwürdig, ob man sie komplett von dem Vorwurf der Zensurausübung frei sprechen kann, kommt es doch zu den Kürzungen im Vorfeld nur, da eine entsprechende Altersfreigabe gewünscht wird. Zum Thema Zensur durch die Freiwillige Selbstkontrolle wurde viel geschrieben und wird es auch in Zukunft viele Debatten geben, was dem einen zu liberal ist, kommt dem anderen wie eine Beschneidung seiner Persönlichkeitsrechte vor.

---

[80] vgl. The Replacement Killers und The Punisher

Folker Hönge der Vorsitzende der FSK sieht die Debatte um Zensur oder nicht Zensur relativ gelassen und entgegnet allen Kritikern nur: „ Kinder und Jugendliche haben einen Anspruch auf Schutz. Dafür sind wir da"[81]

In letzter Zeit vermehren sich die Stimmen derer, die Behaupten, die FSK vernachlässige ihre Aufgabe des Jugendschutzes und würde sich immer weiter den großen Filmwirtschaftsfirmen beugen und eher zu ihren Gunsten entscheiden, als zu Gunsten der Kinder und Jugendlichen.

Doch was gegen solche Kritik tun? Die Schnittauflagen erhöhen? Zwei Versionen ins Kino bringen? Zurück zu alten Regelungen? Neue Altersfreigaben? Egal wie der Weg der FSK in Zukunft auch aussehen wird, es wird immer Menschen geben die gegen sie wettern und auf sie schimpfen. Andere jedoch werden der Meinung sein, sie erfülle ihre Aufgabe vortrefflich.

---

[81] vgl. Hönge S. 35

3. Schlusswort

Im folgenden letzten Kapitel meiner Arbeit über die FSK und den von der Filmwirtschaft auf sie ausgeübten Druck, werde ich das oben gesagte zusammenfassen und interpretieren.

Wir bewegen uns in Deutschland momentan in einem Kino Markt, der immer kleiner wird und bei dessen Schrumpfen kein Ende in Sicht ist. Es werden jährlich zwar immer noch Millionen Umsätze eingefahren, jedoch sind es oft Umsätze, die weit unter dem letzten Jahr liegen. Die Folge der Umsatzeinbrüche sind schließende Kinos, wegrationalisierte Arbeitsplätze sowie sinkender Service. Der Versuch der Kinobranche diesem Trend mit einer Erhöhung der Kinokartenpreise entgegen zu wirken schlug fehl, die Besucherzahlen waren weiter rückläufig, zuletzt in Deutschland um bis zu 9%.

Trotz der sinkenden Umsätze, bleiben die Kosten, die die Filmverleihe als Einkaufsgebühr bezahlen müssen gleich. Eine Rechnung, die offensichtlich nicht lange gut geht. Meine Ausgaben bleiben die gleichen, meine Einnahmen sinken jedoch. Die Filmwirtschaft ist also gezwungen zu handeln. Da sie nicht erzwingen kann, dass mehr Leute ins Kino gehen, muss sie also versuchen, ihre Filme einem möglichst breiten Publikum zugänglich zu machen, um so Geld in die Kassen zu bekommen.

Das größte Publikum befindet sich im Segment der 7-14 jährigen, da sie meistens in Begleitung der Eltern ins Kino gehen. Somit verkaufe ich nicht eine Kinokarte, sondern mindestens 2. Außerdem versuchen die Kinobetreiber in dieser Altersgruppe eine Bindung an ihr Kino zu erreichen, um damit einen festen Besucherstamm zu erhalten.

Bei ihren Bemühungen ein breites Publikum zu erreichen, stoßen sie oft auf eine Hürde: Die Freiwillige Selbstkontrolle. Die FSK ist dafür verantwortlich zu kontrollieren, was für Filme in Kino gezeigt werden. Jedoch geht es bei der FSK nicht nur um das was gezeigt wird, sondern vor allem darum, wem es gezeigt wird.

Denn die Hauptaufgabe der FSK liegt darin, Jugendliche vor gefährlichen Inhalten in Kinofilmen zu schützen. Der Schwerpunkt liegt dabei auf der ungestörten Entwicklung der Kinder und Jugendlichen. Damit die Kinder und Jugendliche nur Inhalte im Kino zu sehen bekommen, die keine Gefahr für Entwicklung und Wertevorstellung in sich beinhalten, hat die FSK Altersbeschränkungen ins Leben gerufen.

Diese Altersbeschränkungen verpflichten die Kinos nur Besucher in Filme zu lassen, die auch für ihr Alter freigegeben sind. In Deutschland sind es „ab 0 Jahren", „ab 6 Jahren", „ab 12 Jahren", „ab 16 Jahren" und „keine Jugendfreigabe". Dies sind die Freigaben der FSK, die den Kinomarkt im Vorfeld regeln.

So darf zum Beispiel kein Jugendlicher im Alter von 11 Jahren einen Film mit der Freigabe „ab 12 Jahren" sehen, sondern nur Filme mit einer „ab 6 Jahren" Freigabe, es sei denn er ist in Begleitung eines Erwachsenen. Diese so genannte PG- Regelung, tritt aber nur bei der Altersstufe von 6 – 12 Jahren in kraft. Laut dieser Regelung, die recht neu ist, dürfen 6 jährige in Begleitung eines Elternteiles auch Filme „ab 12 Jahren" sehen.

Innerhalb dieses von der FSK geschaffenen Rahmens dürfen die Filmverleihe den Kinos ihre Filme anbieten, die vorher von der FSK geprüft und mit einer Altersfreigabe versehen wurden. Dass die Filmverleihe aus wirtschaftlicher Sicht eine möglichst niedrige Altersfreigabe anstreben, um so ein breiteres Publikum zu erreichen und hohe Einahmen zu erzielen, ist auch eine nachvollziehbare Tatsache.

Da die FSK eine staatliche Organisation ist, besitzt sie wie beispielsweise die Gerichte verschiedene Instanzen, die jeweils verschiedene Befugnisse haben und ein Urteil einer niedrigen Instanz widerrufen können. Somit ist ein gefälltes Rechtsurteil nicht sofort bindend. Es darf von Seiten der Filmverleihe Einspruch erhoben werden. Erst wenn die höchste Instanz ihr Urteil gefällt hat, ist es bindend und unumstößlich.

Jede Prüfung und erneute Vorlage kostet jedoch Geld. Somit befinden sich die Filmverleihe in einer Zwickmühle: Akzeptieren sie die erste Beurteilung oder hoffen sie auf ein milderes Urteil eine Instanz höher, dann geben sie jedoch erneut Geld aus. Meistens wird bei sehr umkämpften Filmen die letzte Möglichkeit gewählt und solange die Instanzenleiter hinaufgeklettert, bis eventuell die gewünschte Altersfreigabe erreicht ist.

Dies ist aber nicht immer der Fall, jedoch kommt es auch nicht gerade selten vor, dass die Verleihe von der Obersten Instanz ihre gewünschte Freigabe erhalten. Sämtliche Instanzen zu durchlaufen hat aber nicht nur etwas Positives für die Filmverleihe, sondern auch etwas Positives für die FSK.

Da sich die FSK ausschließlich aus den Prüfgebühren bezahlt, ist jeder zu prüfende Film gern gesehen und bringt Geld in die Kassen. So ist es nicht weiter schlimm, dass einige Filme bis zu 6-mal und mehr geprüft werden. Es besteht also ein nicht zu verleugnendes Abhängigkeitsverhältnis zwischen Filmverleihern und FSK, zumindest auf der finanziellen Seite.

Da die FSK mit dem Schutz der Jugend beauftragt ist, gibt es keine Möglichkeit ihre Aufgabenerfüllung an Hand einer Tabelle, Zahlen oder dergleichen mehr zu belegen. Es ist eine rein subjektive Einschätzung ob sie ihre Aufgabe gut oder schlecht erfüllt. So ist es nicht verwunderlich, das sie immer wieder scharfer Kritik ausgesetzt ist.

Es sind ihre Urteile des Öfteren doch für den Laien sehr schwer nachzuvollziehen. Aufgrund der neuen PG- Regelung versucht die FSK ein Teil ihrer Verantwortung an die Eltern weiter zu geben, kennen sie ihre Kinder schließlich am besten. Eine Regelung die die Filmwirtschaft mit enormer Begeisterung aufnahm. Durch diese Regelung verschob sich allerdings das umkämpfte Gebiet der Altersfreigabe von „ab 12 Jahren" auf „ab 16 Jahren".

Dass es einen Zusammenhang zwischen Altersfreigabe und Kinobesuchern gibt, vor allem was die Blockbuster angeht, ist belegbar, d.h. je geringer die Altersfreigabe desto höher die Besucherzahlen.

Der umgekehrte Fall ist jedoch nicht eindeutig belegbar: Werden Blockbuster öfter milder beurteilt? Eine Frage, auf die es keine eindeutige Antwort gibt. Zwar lässt sich belegen, dass die Filme, die mehrere Instanzen durchlaufen und immer wieder Einspruch einlegen, am Ende oft die gewünschte Freigabe erhalten, jedoch sind die erneuten Einsendungen oft mit Kürzungen an den entsprechenden kritisierten Stellen versehen. Die Aussage je höher die Instanz, desto wahrscheinlicher die gewünschte Freigabe ist somit nicht eindeutig haltbar.

Dadurch lohnt es sich für die Filmverleihe nicht immer, das notwendige Geld auszugeben, und in Berufung zu gehen. Es lassen sich also keine klaren belegbaren Beweise finden, dass es einen Zusammenhang gibt zwischen den zu erwartenden Blockbustern und der FSK Beurteilung für diese Filme.

Auch in Zukunft wird die FSK umstrittene Urteile fällen, die Filmwirtschaft sich über die eine Altersfreigabe beklagen und über die andere hoch erfreut sein. So kommt weiterhin jeder seiner Aufgabe nach, die FSK schützt unsere Kinder und Jugendlichen vor schädlichen Medieninhalten und die Verleihfirmen versuchen Geld zuverdienen, um uns weiterhin mit aktuellen Kinofilmen zu versorgen.

Erläuterungen:

1*) "Der Motion Picture Production Code - Will H. Hays, Leiter der _Motion Pictures Producers and Distributors of America (MPPA)_ formuliert den _Motion Picture Production Code_, auch _Hays Code_

2*) gemeint ist physische, psychische und strukturelle Gewalt.

3*) siehe z.B. die Comicverfilmung „Sin City" USA, 2005, Regie: Robert Rodriguez

4*) siehe z.B. „Blade" (USA, 1998, Regie: Stephen Norrington) in der Originalversion.

Literaturverzeichnis:

Bücher

Baacke, D.: „Handbuch Medien: Medienforschung. Konzepte, Themen, Ergebnisse", Bonn 1998

Lange, E. : „Jugendkonsum im Wandel. Konsummuster, Freizeitverhalten, soziale Milieus und Kaufsucht 1990 und 1996", Opladen 1997.

Stückrath, F. /Schottmayer, G.: „Psychologie des Filmerlebens in Kindheit und Jugend.", Hamburg 1955.

Vollbrecht, R.: „Einführung in die Medienpädagogik", Weinheim und Basel 2001.

Vollbrecht, R. : „Jugendmedien", Tübingen 2002.

Zeitschriftenartikel:

„Er verdammt Harry Potter" (Autor unbekannt) Berliner Zeitung, 14.07.2005, S.31.

FSK- Broschüre: „FSK. Freiwillige Selbstkontrolle der Filmwirtschaft GmbH"(Hrsg.) (7. Aufl.), Wiesbaden 2006.

Gangloff, Tilmann P.: „Kino unter Kontrolle", in: Frankfurter Rundschau, 8.12.2004.

Goehlnich, B. : „Stimmungsbarometer ‚Kinderfilm' – FSK-Freigaben für die jüngsten Kinogänger", in: Freiwillige Selbstkontrolle Fernsehen (Hrsg.): TV-Diskurs 10/2003.

Goehlnich, B. : „Stimmungsbarometer 'Kinderfilm'. FSK-Freigaben für die jüngsten Kinogänger", in TV-Diskurs - Verantwortung in audiovisuellen Medien, Freiwillige Selbstkontrolle Fernsehen (Hrsg.),
Heft 21 2002, S. 14-17.

Gottberg, Joachim von.: „Die FSK wird 50", in: Freiwillige Selbstkontrolle Fernsehen (Hrsg.): TV-Diskurs Nr. 10/Oktober 1999, S. 1-22.

Hönge, F. : „Aufgaben der Freiwilligen Selbstkontrolle der Filmwirtschaft (FSK)", in „Jugendmedienschutzreport", August 4/2004.

Hönge, F. : „Mythos und Realität – Anmerkungen zum Thema „Schnitte im Film", in: Freiwillige Selbstkontrolle Fernsehen (Hrsg.): TV-Diskurs, Nr. 22, 02/2002.

Hönge, F.: „Hypothesen mit konkreten Folgen: Nach welchen Kriterien werden Filme freigegeben?", in: Freiwillige Selbstkontrolle Fernsehen (Hrsg.): TV-Diskurs. Heft 6 1998, S. 58-71.
0-66.

van Versendaal, D. : „Die Vorkoster des Schreckens", in: „Der STERN" 51/ 2004.

Wolf, Martin: „Kassensturz im Zauberreich", in: DER SPIEGEL (Jahres-Chronik) , Dezember 2001.

Sonstige Quellen:

Uhlenbrok, T.: „Kinofilme und ihre Altersfreigaben – Eine medienpädagogische Auseinandersätzung mit den Maßstäben und Kriterien der FSK" Diplomarbeit, März 2006.